# Firun-Vademecum

## Brevier des reisenden Geweihten

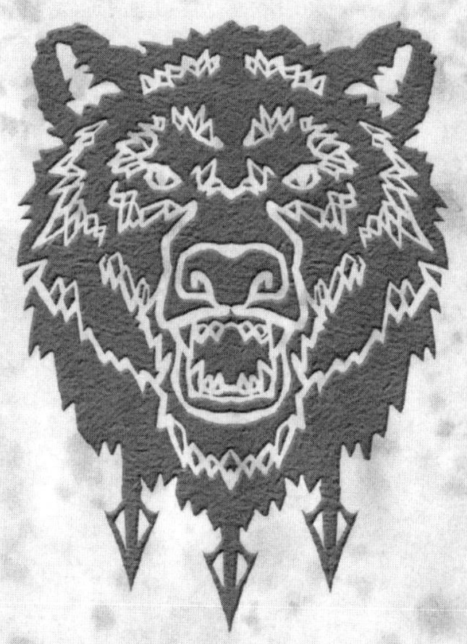

Ulisses Spiele

# Impressum

Redaktion
Eevie Demirtel, Marie Mönkemeyer,
Daniel Simon Richter, Alex Spohr

Lektorat
Kristina Pflugmacher, Sarah Schirmer

Cover- und Innenillustrationen
Tristan Denecke

Umschlaggestaltung, Satz und Layout
Ralf Berszuck

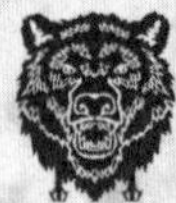

**3. überarbeitete Auflage**


**Printed in EU 2024**

**ISBN 978-3-96331-207-6**

# Firun-Vademecum
## Brevier des reisenden Geweihten

Eine aventurische Spielhilfe zu Firun, Ifirn,
den Kindern des Frosts und den Gefährten der Tiere.

von

Melanie E.C. Meier

Für Destan, Arren, Jan und meine Eltern.

Mit aufrichtigem und besonderem Dank an
Jan Elster, Katja Reinwald, Daniel Simon Richter und
Martin von Woedtke.

*»Die Kluft zwischen Vorstellung und Ausführung ist breit,
und viele Dinge können dazwischen geschehen.«
—Neil Gaiman, The Sandman*

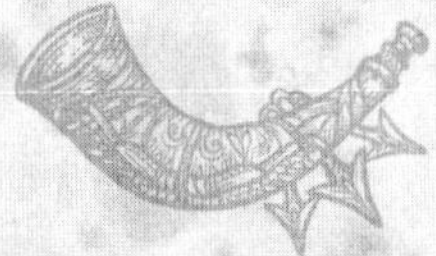

# Inhalt

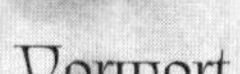

# Vorwort

Das **Firun-Vademecum** soll die bereits vorhandenen firunischen Texte aus ergänzen und erweitern. Besonderes Augenmerk liegt bei diesem Werk vor allen Dingen darauf, die Motivation eines Firungeweihten, seinen Glauben und seine Vorstellungen vom Weißen Jäger deutlich zu machen. Es soll jedem, der sich, so wie ich, ganz in seine Figur hineinversetzen möchte, ein Leitfaden sein, der zwar Spielraum lässt für Phantasie, aber dennoch eine logische und klare Linie vorzeichnet, an der man sich orientieren kann.

Das **Firun-Vademecum** enthält nicht nur ein paar Gebete, Fürbitten und Liturgien, die am Spieltisch genutzt werden können. Es enthält vielmehr darüber hinaus viele Beschreibungen aus dem Alltag eines Geweihten, praktische Tipps und Tricks zum Überleben in der Wildnis, sowie Geschichten und Legenden, die ebenfalls Verwendung finden können, um das Wesen eines Firuni und seines Gottes seinen Mitspielern näher zu bringen.

Auch Ifirn, der Tochter des Alten vom Berge, sowie ihren Geweihten wird in diesem Vademecum einiger Platz eingeräumt, denn oftmals sind die beiden Kirchen kaum zu trennen.

Ich hoffe, dass es dir genauso viel Spaß macht dieses Werk zu lesen, wie es mich fasziniert hat es zu schreiben und in die eisigen Jagdgründe eines Gottes einzutauchen, von dem bisher kaum etwas bekannt war. Nun hat er, trotz der endlos weißen Ebenen, die er bewohnt, doch ein bisschen Farbe bekommen.

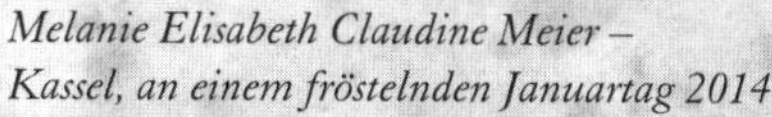

*Melanie Elisabeth Claudine Meier –*
*Kassel, an einem fröstelnden Januartag 2014*

## Meister und Spieler zum Geleit

Dieses kleine Werk firunischen Glaubens ist so gestaltet, dass alles was hier steht (mit Ausnahme des Kapitels zur Ausgestaltung eines Geweihten) als aventurische Quelle verwendet werden kann. Geschrieben wurde dieses Firun-Vademecum von *Thorben Grimmwulf*, dem ehemaligem Prolegaten der Firunkirche im Zwölfgöttlichen Konzil zu Perainefurten. Er schrieb es aus einem inneren Bedürfnis heraus, als ihm auf seinen Reisen mehr und mehr klar wurde, dass die Furcht des Volkes vor seinem Gott in erster Linie auf Unwissenheit beruht. So schrieb er es als Leitfaden für all jene, die mehr über den Gott, seine Diener und deren Motive erfahren wollen und für jene, die bereit sind mit den alten Vorurteilen aufzuräumen und dem Gott einen Platz in ihren Herzen zu schenken, der nicht von Furcht geprägt ist. Besonders wendet er sich dabei an jene Gläubige, die bereits im Dienste Firuns stehen, doch dem Ruf noch nicht, oder erst vor kurzer Zeit gefolgt sind.

Nutze die beschriebenen Liturgien gerne als Anregung für eine eigene Formulierung, doch bedenke, dass kein Geweihter allein durch die Lektüre dazu fähig ist sich eine ihm bislang unbekannte Liturgie anzueignen. Das Erlernen einer solchen bleibt noch immer den bestehenden Regeln unterworfen. Um sich eine neue Liturgie anzueignen ist also in jedem Fall ein Lehrmeister hinzuzuziehen, der die entsprechenden Fähigkeiten besitzt, also zusätzlich zur eigentlichen Liturgie auch noch die Indoktrination beherrscht.

# Einführung

*„Eis ist nicht Tod, es ist Erinnerung.*
*Eis will keine Starre, es will Geduld und Warten.*
*Eis zerstört nicht, es bewahrt.*
*Kälte bringt nicht Schmerz, sie sucht Stärke.*
*Kälte ist nicht Leid, sie gebiert Hoffnung.*
*Kälte fordert kein Leben, sie prüft es.*
*Sein Zorn jedoch, so entfacht*
*ist Tod*
*ist Starre,*
*ist Zerstörung.*
*Seine Strafe*
*Schmerz*
*Leid*
*und Verderben."*
*—Bruder Eisbart zu Ivrain ní Catholainn, etwa 1008 BF*

*„Ihr sagt Eis ist Stillstand, ist Starre, ich aber sage,*
*es ist viel mehr der Wunsch nach Bewegung, der in ihm ruht."*
*—der Weiße Mann, in einer Predigt zur Bjaldorner*
*Glaubensgemeinschaft, 1012 BF*

*„Eis! Oh dieses wunderbare, jede Erinnerung bewahrende Element.*
*Ist es nicht wie ein Wunder, dass das immer im Fluss befindliche*
*Wasser gezähmt und unterworfen wurde? Nun mag es still halten*
*und warten bis der Gott es wieder befreit."*
*—der Firunlegat Siras Sarosil, beim Anblick eines*
*erstarrten Wasserfalls in den Drachensteinen, Firun 1023 BF*

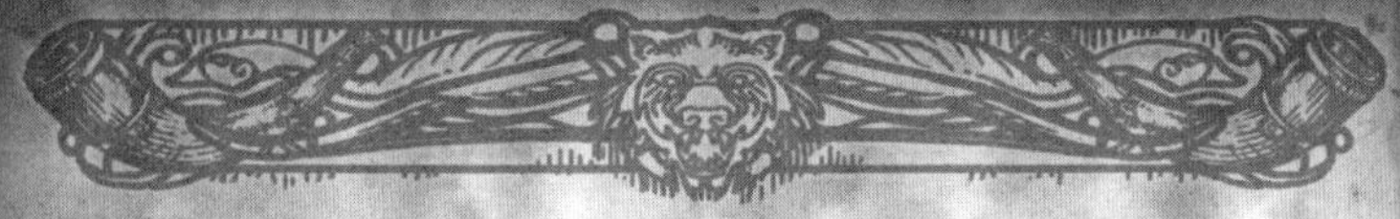

Ein Firuni ist normalerweise von schweigsamer und ungeselliger Art, so die vielfach bestätigte landläufige Meinung. Auch ich war von dieser Natur und bin es noch. Doch Pergament ist geduldig und harrt aus, bis dass der Gedanke vollendet und die richtigen Worte gefunden wurden.

„Im ewigen Eis ist es, als hätte der Alte vom Berg tatsächlich einen Weg gefunden die Welt zum Stillstand zu bringen, ohne dafür die Zeit anzuhalten.“ So legte ich es im Praios 1024 BF auf dem Pilgerweg zum Asainyf in meinem Tagebuch nieder. Und es bleibt wahr.

Es war nicht einfach, dieses Brevier niederzulegen und es hat mir manch schlaflose Nacht und frostige Stunde beschert. Wichtig allein jedoch ist das Resultat.

Lest und versteht.

Begreift das Wesen des Gottes und seiner Diener.

Erfahrt Beständigkeit und Stärke durch den Glauben.

Werft ab die Furcht und trotzt der Dunkelheit, wie der Nordstern jenen den Weg weist, die der Führung bedürfen.

Firun sei Lob und Dank immerdar!
*Thorben Grimmwulf*

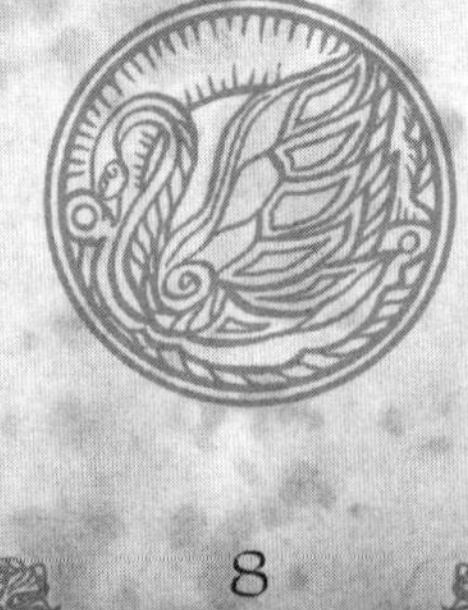

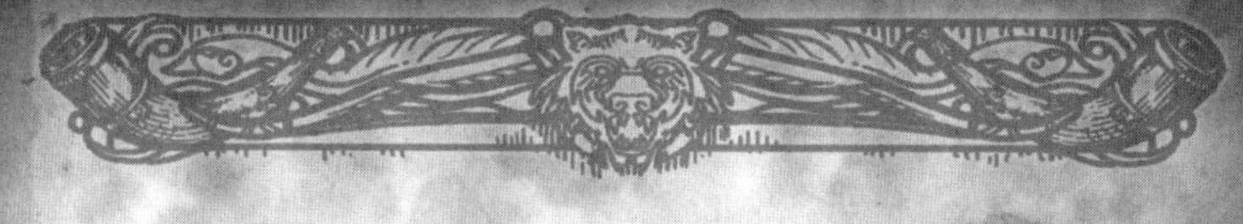

# I

## Vom Wesen des Alten vom Berge und dem der Wegweiserin

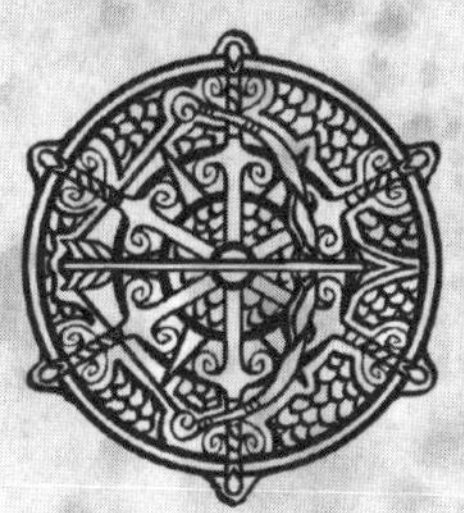

## Unerbittlich - Der Alte vom Berg

Es begab sich zu der Zeit, als die Giganten, die dem Leib Sumus entstammten, gen Alveran zogen, als auch Firun, Herr über Eis und Kälte, seine Kreaturen zum Kampfe sandte. Lange hatte er mit angesehen was geschah und das Wüten seiner Brüder und Schwestern gelassen vernommen. Doch er hatte abgewartet und geduldig ausgeharrt, bis den Worten Taten folgten. Nun befand er es an der Zeit, sich zu erheben und schuf aus dem ihm eigenen Elemente Eis-, Frost- und Reifriesen, auf dass sie mit ihren Geschwistern gen fünfte Sphäre zögen, ihm einen Platz in jenen Gefilden zu erstreiten. Er selbst sammelte seine treusten Diener um sich, gab ihnen Gestalt und mit einem Stoß in Haugriff eröffnete er seine erste große Jagd. Als aber Giganten und Götter im Streit miteinander lagen, nutzten die finstersten daimonischen Mächte die Wirren, um sich Deres zu bemächtigen. Doch Sumus Leib krümmte sich unter dieser Perversion und die Elemente wurden verdreht und schrien auf in ihrer Marter. Diese Klagen drangen bis hinauf nach Alveran, der kampfumtobten himmlischen Feste, und Giganten wie Götter hielten inne in ihrem Streit. Als sie sahen was in ihrem Zwist geschah, schlossen sie einen Bündnis und wendeten sich gemeinsam gegen den Frevel. So zog Firun, der Weiße Jäger, in die alveranischen Hallen ein. Und als das Daimonische zurückgedrängt, des Verräters Name in alle Winde verstreut und das von nun an Namenlose aus Alveran verbannt, da ward Frieden unter den Göttern und das Pantheon der Zwölfe wachte von nun an von Alveran über Dere.

Und so ging das Zeitalter zu Ende, und es war gut so.

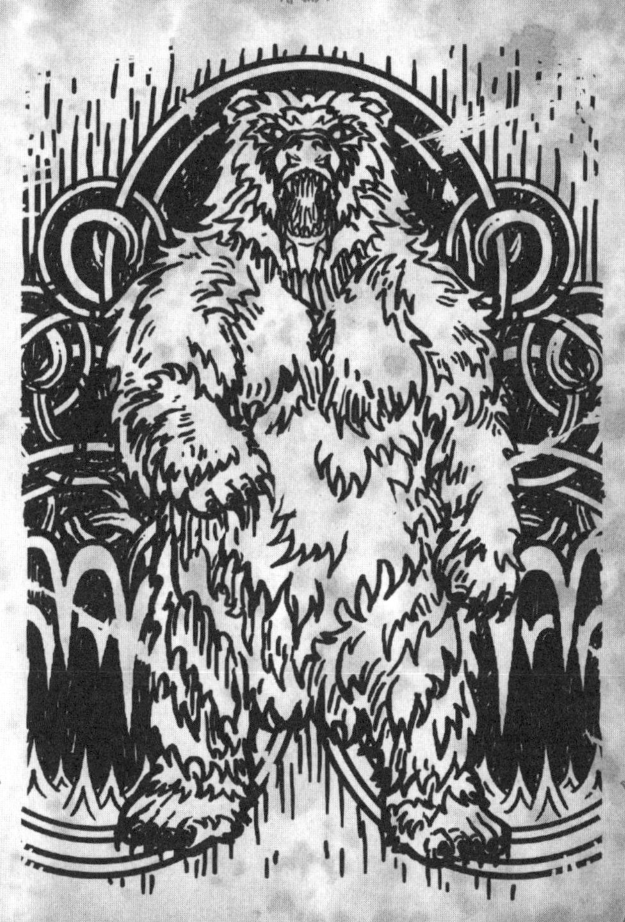

Doch das Namenlose ward nicht vollständig geschlagen und mehrte sich in der Finsternis und den Schatten. Und als es genug Macht gesammelt hatte, dass es selbst dem Götterfürsten trotzen konnte, schlug es sich eine Bresche zwischen den Gestirnen des Greifen und der Stute, dort wo wir heute die Sternenleere sehen, und eroberte sich fünf Tage, die von nun an ebenfalls namenlos bleiben sollten.

Doch das Namenlose ward nicht allein gekommen, sondern brachte die Daimonen in Horden mit auf Dere. So groß war ihre Zahl und so mächtig das Namenlose, dass ihr Wüten selbst des Praios Scheibe verdunkelte.

Und als dies geschah, ließ der Dämonensultan jene Bestie los, die die Vielleibige genannt wird. Der Kampf gegen dieses Ungeheuer schien aussichtslos, denn sie nährte sich von den Toten, und derer waren Unzählige und wurden immer mehr. In der dunkelsten Stunde aber, als alle Hoffnung dahin zu fahren schien, traten Hazaphar die Gelbe, Mithrida die Rote und Sokramor die Schwarze zum Kampfe gegen die Bestie an und verwandelten sich in lebendige Klingen. Ingerimm, Rondra und Kor fochten mit diesen Klingen wider die Bestie. Und als sie in Stücke geschlagen darniederlag, nahm Firun, der Eisige, seine Gewalten und deckte sie über den Leib, auf dass sie sich nimmermehr rege. Die drei Gigantinnen aber, geschwächt vom Kampfe, legten sich zur Ruhe, um neue Kraft zu schöpfen. Jede wand sich um Teile der Bestie, und begrub sie unter sich. Mag sein, dass sie aus diesem Grund noch bis heute schlafen.

Als die Macht des daimonischen Sultans geschwächt ward, zog er sich mit seinen Scharen zurück und überließ das Namenlose der Vergeltung der Götter.

Ingerimm und Firun taten sich zusammen und schmiedeten Ketten aus Feuer und Eis in den Essen der Welt. So ward das Namenlose gebunden, um auf ewig in der von ihm erschaffenen Leere zwischen den Gestaden zu verharren. Das Tor zu den Neun Höllen hinter ihm jedoch ward offen gelassen, auf dass die Daimonen sich nährten von seinem Fleisch.

Firun aber zog in seinem Zorn über das Land, jagte das Daimonische, und wo es sich verkroch, dorthin schleuderte er ewiges Eis.

Seit jener Zeit blickt sein nimmermüdes Auge noch wachsamer und unerbittlicher über das Land. Er allein lässt seine schützende wie strafende Hand auf Dere weilen. Er lauscht in der Stille des ewigen Eises auf das Kreischen der Daimonen und jagt alles was sich regt mit eisigem Willen und kaltem Zorn zurück in die Dunkelheit.

Man erzählt sich mitunter, dass sich Firuns Eis nicht nur auf Dere beschränkt, sondern eine Barriere zwischen den Sphären bildet. Mag sein, dass Firuns Wilde Jagd nicht nur Kreaturen hetzt, die auf Dere wandeln und uns bereits seit Äonen schützt, ohne dass wir davon wissen.

## Der Sintfrost

So berichtete Gevatter Eisbart einst einer jungen Walpurga über den Alten vom Berge und den Sintfrost, den immerwährenden Firunsfrost. Die Ammen der Bärenburg erinnern sich jedenfalls so an die Geschichte, die sich um 1005 BF zugetragen haben muss.

*Vor langer, langer Zeit, als es noch keinen Winter gab, das Wild in den Wäldern zahlreich war und die Menschen das Leben nicht zu schätzen wussten, da sah Firun die Menschen aus Spaß und Habsucht viele Tiere morden. Sie stahlen ihnen ihren Pelz und ließen die Kadaver liegen, entnahmen ihnen nur die Augen, aßen sie als Delikatesse und warfen alles andere achtlos beiseite, so dass der Geruch der Verwesung bis nach Alveran drang. Die Menschen waren faul und fett geworden und maßten sich in ihrem Leichtsinn und Überfluss an, Herren über das Leben zu sein.*

*Lange hatte Firun, Herr über das Eis, mit angesehen, wie die Menschenkinder an der Schöpfung frevelten, lange hatte er Geduld bewiesen und war ruhig geblieben. Doch wenn auch Tsa weinte, Rondra wetterte und Praios seine Stirn runzelte, niemand hatte sich erhoben gegen den Frevel. Als Firun sich nun umsah und in die traurigen Augen seiner Tochter blickte, da ward sein Zorn entfacht und er, als einziger, erhob sich von seinem Thron, um die Menschen in ihre Schranken zu weisen und ihnen zu zeigen, dass das Leben kostbar sei, denn sie waren dabei ihre eigenen Seelen zu verlieren. Und Firuns Atem zog eisig über das Land, die Menschen zu maßregeln, auf dass sie aus ihren Fehlern lernten. Das Land versank in Schnee und Eis und das Leben wurde beschwerlich, die Jagd eine Herausforderung und der Respekt vor dem Leben kehrte zurück. Doch die Menschen waren dennoch schwach in ihren Ängsten und glaubten, der Gott hätte sie für ihr Tun gestraft und würde sie nun jedes Jahr aufs Neue strafen. Sie erkannten nicht, dass er sie nicht strafen, sondern lehren wollte, dass er sie vor ihrer eigenen Lasterhaftigkeit bewahrte und sie mit jedem Winter daran erinnert, auf dass sie nicht vergessen und ihre Seelen erneut gefährden.*

*Natürlich, im Winter sterben besonders viele schwache, alte und kranke Menschen, vor allem kleine Kinder, deren Eltern sie nicht gut genug versorgen können, oder die krank werden. Die Kälte des Grimmen bedeutet für viele den Tod, die ihn im Sommer sicher nicht gefunden hätten.*

*Doch das ist nicht das, was man als Wille Firuns sehen sollte, es ist der Lauf der Dinge. Er nimmt keine unschuldigen Leben, er prüft sie. Nur gegen die Frevler, die Dunklen, die Schatten, ist er unerbittlich und gnadenlos. Gegen sie führt er seinen Kampf, gegen sie zieht er mit seiner Wilden Jagd aus, gegen sie schickt er Kälte, Frost und Tod als Waffe und Strafe, gegen sie allein richtet sich sein Zorn, denn er beschützt die Menschen. Er ist jeden Augenblick auf der Hut, auf dass die Dunkelheit nicht über Dere kommt.*

*Dies mein Kind, ist Firun. Nichts anderes darfst Du glauben, denn nichts anderes ist wahr."*

*Seine Rede war zum Ende hin immer leidenschaftlicher geworden und als er vom Dunkel sprach, meinte seine kleine Zuhörerin fast das knurrende Brummen des Bären in seiner Stimme zu hören. Dann verstummte er. Seine Pfeife war inzwischen kalt geworden und die beiden saßen noch eine Weile gemeinsam da, lauschten auf die Geräusche des Waldes und sahen den Schneeflocken bei ihrem Tanz gen Boden zu. Zwei Gestalten, die unterschiedlicher nicht sein konnten und sich dennoch sehr ähnelten.*

*An diesem Tag, mit dieser einzigen Geschichte, lernte das wissbegierige Kind beinahe alles über sich selbst, die Menschheit und die Götter, was wichtig war. Und noch heute tragen die Menschen diese Worte weiter an all jene, die bereit sind mit dem Herzen zu sehen und zu lauschen.*

## Frühlingserwachen – Das Werden der Schwanengleichen

Einstens, in den Zeiten starrender Finsternis, als Dere noch jung war, das Namenlose erst kürzlich in Ketten gelegt und viele, die auf der Welt wandelten, noch immer dunklen Einflüsterungen erlegen waren, begab es sich, dass Firun, Herr über Eis und Kälte, von seinem alveranischen Thron herabstieg und einen Fuß auf Dere setzte. In grimmen Zorn über den Frevel geraten, ließ er dort, wo er Sumus Leib berührte, alles Leben gefrieren. Schon bald bedeckte eine undurchdringliche Schicht aus Eis das Land. In seiner Bitterkeit war der Eisige entschlossen, jegliches fleischliche Sein auf Dere zu vernichten, um dem Frevel ein für alle Mal ein Ende zu bereiten.

Und auch wenn seine alveranischen Geschwister zürnten oder wehklagten, der Wille des Kalten Gottes war unumstößlich. Alles Toben und Wüten, Bitten und Flehen war vergebens. Jedes Argument, jede Schmeichelei verhallte ungehört in der Sphäre.

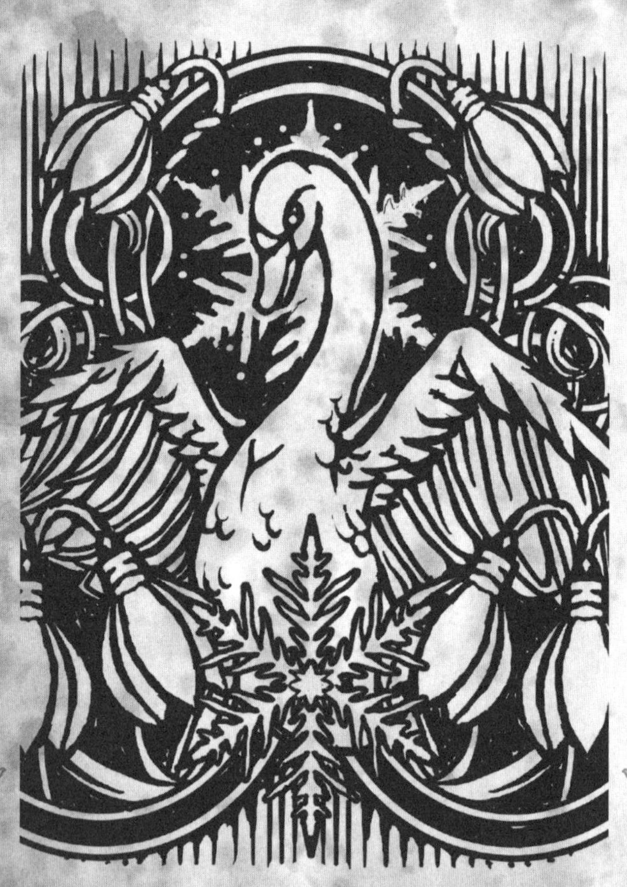

Als Firun, der Grimme, nun seine Hand erhob, gefroren selbst die Wolken mit ihrer wässrigen Last. Die harten Eisstücke fielen auf Dere hernieder und erschlugen all Jenes, das die Berührung des Unerbittlichen überlebt hatte.

Als dies Tsa, die Junge Göttin, mitansehen musste, wurde das Herz ihr bang und das Gemüt vor Schrecken und Trauer ganz schwer. So ging sie zu Phex und Hesinde, um diese um Rat zu fragen.

Als sie zusammen einen Plan ersonnen, der Chance auf Rettung versprach, wandte Tsa sich an Meriban, Firuns Weib, und bat sie um Hilfe. Meriban aber, die Firun sehr liebte, war überglücklich, als die Göttin des Lebens und des Werdens sie um ihr Mitwirken bat. Doch noch ward der Plan ohne Substanz, denn es war erforderlich jemanden so voll Güte und Herzenswärme zu finden, dass er sein Wesen und seine Gestalt hergab, um neu zu werden.

Und unter den Kindern der Götter war es einzig eine Tochter Efferds, des Launenhaften, dem Ältesten der drei sumugeborenen Brüder, die bereit war sich selbst für das Leben auf Dere hinzugeben. Iphroun, wie sie genannt ward, war die jüngste Tochter des Meeres und liebte die kühlen Wasser des nördlichen Ozeans, dort wo die Eisschollen trieben und das weiße Element bereits weite Teile des Meeres bedeckte. Doch war sie von allen Kindern dem Efferd das Liebste, und er geriet in Zorn über ihren Entschluss. Da stiegen Berge aus Wasser aus dem Meer empor, deren Massen gegen die Ufer brandeten und über das Land rollten. Was noch nicht erfroren, kämpfte nun gegen das Ertrinken und verlor, denn nun, da das Wasser, vom Ozean abgeschnitten, das kalte Land berührte, erstarrte es zu Eis und mit ihm alles Leben, das in ihm war. Da dauerte Efferd sein Zorn und er ließ die Tochter ziehen.

Und so kam es, dass Meriban dem Firun ein Kind gebar, das sie Ifirn nannte, im Angedenken an des Efferds Tochter, die ihre Gestalt gegeben.

Auch die anderen Götter traten nun hinzu und schenkten dem Kind eine ihrer Gaben.
Praios schenkte ihr Pflichtbewusstsein, welches sie lehrte die Not anderer zu ihrer eigenen zu machen.
Rondra gab ihr den Mut, damit sie ihrem Vater auch im Zorne gegenübertrete.
Phex sah auf das Kind in seiner Wiege, nahm den Glanz der Sterne von seinem Mantel, so dass sie für einen winzigen Augenblick erloschen, und legte ihn in ihre Augen. Als das Kind diese aufschlug und lächelte, erstrahlten alle Sterne erneut und tun dies bis heute.
Rahja verlieh ihr ein Lächeln wie das Erblühen einer Knospe, den Liebreiz und die Anmut, um mit einem einzigen Wimpernschlag sogar die Aufmerksamkeit ihres Vaters zu erlangen.
Travia entfachte in dem Kind die Liebe zur Familie und gab ihr gegen die Kälte ihres Vaters einen Mantel aus ihren schönsten Federn und ihren wärmsten Daunen, der sie ganz umhüllte.
Peraine gab ihr den Respekt vor der Arbeit und der Schöpfung anderer.
Hesinde verlieh ihr die Umsicht mit ihren Geschenken weise und kreativ umzugehen.
Ingerimm schenkte ihr die Gaben der Unbeugsamkeit und der Beständigkeit.
Boron gab ihrer menschlichen Seite Unsterblichkeit und ewige Jugend.
Tsa gab ihr, zusätzlich zu ihrem alveranischen Leben, noch die Liebe zum Leben an sich.
Efferd jedoch, der noch immer um seine Tochter trauerte, blickte sie an und sah in ihr das Kind wieder, welches er verloren geglaubt. Da nahm er das kleine Gesicht in seine mächtigen Hände, küsste die rosigen Wangen und schenkte ihr die Herrschaft über

die nördliche See, die sie so sehr geliebt hatte. Noch heute wird dieser Teil des Meeres daher Ifirns Ozean geheißen und bis heute wird in der Kirche des Launenhaften Ifirn als Tochter des Meeresgottes verehrt.

Als Meriban nun zu Firun trat, um ihm seine Tochter zu bringen, war er so in seinem Zorn gefangen, dass er sie zunächst nicht wahrnahm. Als jedoch der Säugling ein leises glucksendes Lachen von sich gab, stockte der Grimme Herr in seinem Tun und wandte sich dem Kinde zu. Meriban nutzte den Moment und legte das winzige Wesen in seine starken Arme. Ifirn lächelte ihren Vater an und ihre kleine Hand berührte die seine. Da ward es um Firun geschehen und sein Herz schmolz dahin vor Glück.

Der Hagel, den Firun befohlen hatte, verwandelte sich in weiche Flocken, die, Federn gleich, zur Erde schwebten. Als Firun dessen gewahr wurde, machte er sie seiner Tochter zum Geschenk und verlieh ihnen die Form von winzigen Sternen, die wie ihre Augen funkelten und Dere mit einer weichen Decke überzogen. Der erste Sonnenstrahl zeigte sich und Tsa war so glücklich, dass sie dem Schnee in diesem Moment in seinem Funkeln die Farben des Regenbogens verlieh.

So kam es, dass dem Wüten des Grimmen Herren erstmals von seiner Tochter Einhalt geboten wurde.

Als der erste Schnee das Antlitz Deres bedeckte, fiel er auch auf Tiere und Pflanzen und alles, was er berührte wurde weiß wie der Schnee selbst: Hirsche, Wölfe, Bären, Füchse und viele andere. Die Söhne und Töchter dieser Tiere gelten uns heute als firunheilig, denn sie sind die Nachfahren jener, die dem Wüten des Grimmen trotzten.

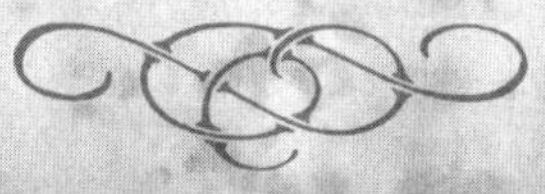

## Die Welt ist im Wandel

Das Land ist gebeutelt, und auch wir sind es. Obwohl das unheilige Eis zurückgedrängt wurde, sind die Winter härter als vormals. Überall in den gemäßigten Landen beginnt das Gefrieren früher und die Schmelze kommt später als gewöhnlich. Doch warum ist das so, fragen wir uns. Ist es nicht schon genug, wogegen wir ankämpfen? Will uns der gestrenge Herr Firun noch mehr abverlangen? Wo ist Ifirn, die Milde?

Sie sind hier, sie sind unter uns, begleiten uns auf unserem Weg und stehen uns zur Seite. Firun stärkt unsere Herzen für die Jagd und Ifirn hält die Hoffnung in ihnen aufrecht. Genau aus diesem Grund sind die Winter kälter und länger, denn das göttliche Wirken Firuns ist präsenter denn je und selbst Ifirn, die Sanfte, vermag sich der Notwendigkeit eines gestrengeren Winters nicht zu entziehen. Zum Ausgleich für den Grimm ihres Vaters sendet sie uns aus, den Menschen beizustehen in ihrer Not. Unsere Widersacher jedoch mögen vergehen in Firuns Atem, ohne Hoffnung auf die Gnade seiner Tochter.

Einiges aus den alten Legenden hat sich uns erst in den letzten Jahrzehnten offenbart und sich als wahr erwiesen. Nicht alles, aber vieles, von dem wir vor Kurzem noch glaubten, es sei nichts weiter als Mythos, ist an die Oberfläche getreten und hat uns wachgerüttelt.

War es nicht so, dass wir wiederum drohten zu verweichlichen, dass wir es uns allzu bequem gemacht hatten und die Gebote der Götter zu Floskeln ohne Bedeutung verkommen waren? Wahrlich, ich sage euch, die Welt ist im Wandel und so auch der Glaube der Menschen. Unser Wille ist mancherorts gebeugt, aber niemals gebrochen. Durch die dunklen Zeiten hindurch, halten viele das Licht der Hoffnung, Ifirns Gabe, aufrecht. Seht hinauf gen Him-

mel. Ist das Leuchten des Polarsterns nicht heller als noch vor einigen Jahren?
Niemals habe ich das Bedürfnis der Menschen nach Anleitung stärker gespürt, als in den vergangenen Monden. Niemals war es mir vergönnt einen solch starken Glauben zu erleben, wie er in den Herzen derjenigen überdauert, die vom Dämonischen geknechtet wurden und noch immer werden.
Beenden wir also die tausend Jahre andauernde Zeit der Wanderschaft, der Vorbereitung und des Wartens. Die Zeit ist gekommen die Menschen anzuleiten, ihnen das Wunder des Überlebens bewusst zu machen und an ihrer Seite zu stehen und zu kämpfen, so wie es unsere Schwestern und Brüder im Dienste der Milden bereits tun. Wir, die von einem Gott Erwählten, sollten unsere Stärke einzusetzen wissen, dort, wo sie gebraucht wird.
Jagt mit den Menschen, führt sie durch die Ödnis von Zweifel und Aberglaube und nehmt ihnen die Furcht. Dies ist die Aufgabe, die uns ansteht und die es zu erfüllen gilt, im Namen Firuns, des Weißen Jägers und seiner Tochter Ifirn, der Mittlerin.

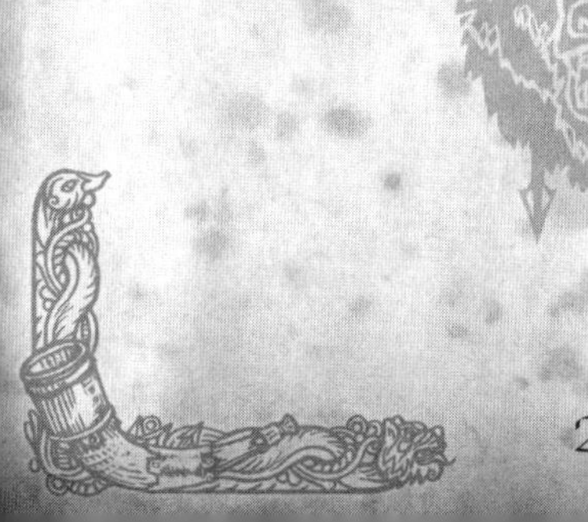
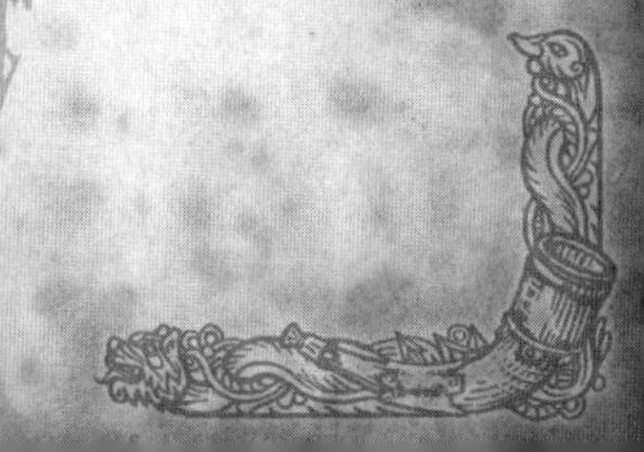

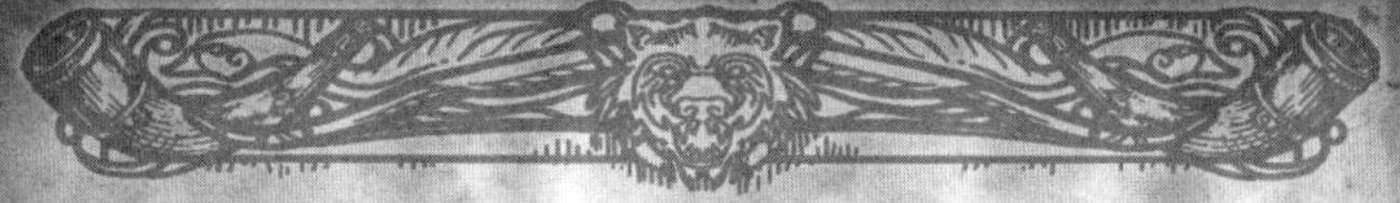

Hier magst du von eigener Hand ergänzen

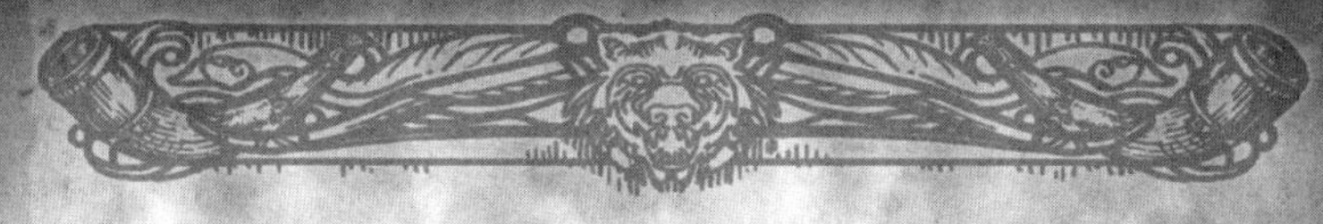

# II

## Erzählungen, Maßregeln und Sinnsprüche

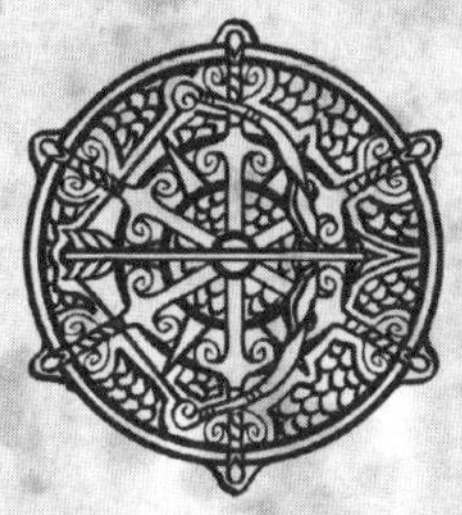

# Schnee und Eis, Tauwetter und Frühlingsblüten

## Vater Bär

Eine alte Mär über die Begegnung eines jungen Mädchens mit Vater Bär, jenem Alten, dem viele Firungläubige an einem Punkt ihres Lebens begegnen, an dem sie nach Antworten suchen.

*Als Linn noch ein kleines Mädchen war, lebte sie mit ihren Eltern und ihren beiden älteren Brüdern in einem kleinen Dorf am Rande eines dichten Forsts. Das Unterholz war von so dichtem Bewuchs und die Bäume hatten solch üppige Kronen, welche nah beieinander standen, dass es selbst bei hellstem Sonnenschein stets dämmrig blieb.*

*Linns Vater war Schafzüchter. Seit ihr ältester Bruder ihm zur Hand ging, hatte sich ihre Mutter aus der Schafszucht zurückgezogen. Sie hatte ihre Leidenschaft zum Beruf gemacht, indem sie eine kleine Backstube in der Küchenstube des Hauses einrichtete. Hier verkaufte sie ihre Kuchen und Brote. Seit einigen Monden hatte dieser Betrieb nun auch bei Linns zweitältestem Bruder das Interesse geweckt, und er hatte fleißig begonnen, bei seiner Mutter das Backen zu erlernen. Natürlich blieb in dem ganzen Trubel nicht mehr viel Zeit für das junge Mädchen. Doch dies war ihr nicht ganz unrecht, störte sich doch auf diese Weise niemand daran, dass sie häufig den ganzen Tag in Wald und Feld unterwegs war. Und trotz, oder gerade aufgrund seiner Düsternis zog es sie auf diesen Wanderungen immer wieder in den Wald hinter ihrem Haus.*

*Es war kurz vor ihrem achten Tsatag, als Linn sich wieder einmal auf einem Streifzug durch eben jenen Forst befand. Das Mädchen war einem weißen Hasen und seinen Jungen gefolgt und hatte weder auf Weg noch auf Zeit geachtet, als sie langsam Hunger bekam. Eine klei-*

*ne Lichtung, ein Sonnenfleck von nicht mehr als zwei Schritt, kam ihr gerade Recht um sich hinzusetzen, ihr Butterbrot aus dem Schulterranzen zu nehmen und es genüsslich zu verspeisen. Doch auch die Hasen hatten wohl den Vorteil eines kleinen Sonnenbads entdeckt und waren auf das grün-goldene Gras gehoppelt, keinen halben Schritt von Linns Stiefelspitzen entfernt. Erst schien es, als mustere sie die Häsin misstrauisch. Da sie sich jedoch nicht bewegte, wandte diese sich wieder dem grünen Gras zu und begann zu fressen. Wohl eine ganze Stunde saß sie schon so da, als ihre Glieder langsam steif zu werden begannen und Linn den unbändigen Drang verspürte wenigstens das Gewicht ein wenig zu verlagern. Doch kaum tat sie dies, war im nächsten Moment keine Spur mehr von der Hasenfamilie zu sehen. Dafür vernahm das Kind nun direkt hinter sich ein langgezogenes und brummiges Seufzen.*

*„Nun hast du sie verscheucht."*

*Sie erschrak heftig, als die dunkle bärige Stimme in ihrem Rücken erklang und nun auch noch ein bärtiger alter Mann mit langem zotteligem Haar aus dem Unterholz trat.*

*In seinen Augen jedoch lag ein heiteres Lächeln und durch den üppigen Bart hindurch konnte man dennoch so etwas wie ein Schmunzeln erahnen.*

*Linn war aufgesprungen und hatte sich blitzartig herumgedreht, doch er hob beschwichtigend die Hand.*

*„Kein Grund zur Sorge Kind, ich bin nur ein alter Mann, der die Natur liebt. Du kannst Vater Bär zu mir sagen, so nennen mich hier alle."*

*Als das junge Mädchen vor lauter Staunen nicht antwortete, musterte er sie noch eine Weile, setzte sich dann an den Baumstamm an dem sie eben noch gelehnt hatte, nahm sich eins ihrer Brote und begann es aus seinem Tuch zu wickeln. „Und wer bist Du, junge Dame?"*

Dies, so wird erzählt, war Linns erste Begegnung mit Vater Bär. Später sollte sie herausfinden, dass es die Tiere waren, die ihm diesen Namen gegeben hatten und dass er oft in Gestalt eines Bären durch den Forst streifte, Wilderer jagte und Fallenstellern den Garaus machte, die vielerorts ihr Unwesen trieben. Er war ein Geweihter des Herrn Firun und ihr ein einzigartiger Lehrmeister. Er lehrte sie das Wissen und das Wesen Firuns und weckte in dem wissbegierigen Kind die Liebe zum Herrn des Eises und seiner Tochter.

Leider war es mir bisher nicht vergönnt Vater Bär selbst zu begegnen, ob er nur eine Figur aus den Erzählungen der Alten ist, um den Jungen etwas beizubringen, oder ob er tatsächlich gelebt hat, bleibt ungewiss. Viele seiner Lehren und seiner simplen Wahrheiten jedoch sind überliefert und werden von Mund zu Mund weitergetragen. Sie sind mir oft schon richtungsweisend gewesen und vermögen es nach wie vor meinen Geist zu beflügeln und meinen Verstand auf einfachste Weise zu erforschen. So bin ich ihm in gewissem Sinne doch schon begegnet, und wer weiß, vielleicht ist es gar Firun selbst, der uns diese Weisheiten mit auf den Weg gibt.

## Die Legende vom Winterschlüssel

Auf welche Weise bringt Firun den Winter tatsächlich über das Land? Es gibt viele Vorstellungen darüber. Von Firuns Atem wird gesprochen, seinem Ritt mit der wilden Jagd oder auch nur seinem eisigen Blick. Interessant ist jedoch, dass es gerade in der Tsakirche eine wunderschöne Geschichte gibt, die in meiner Vorstellung vom Wirken Firuns und seiner Tochter einen zentralen Platz eingenommen hat. Tsamion, Legat der Tsakirche im Zwölfgöttlichen Konzil, erzählte sie mit leuchtenden Augen. Und ich teile seine Begeisterung.

*Vor langer Zeit, als das Leben auf Dere gerade erst zu sprießen begann und noch jung und wundersam in die Welt blickte, geschah es, dass die Göttin Tsa mit ihrem Goldenen Schlüssel des Frühlings die Tore zu den Erdhöhlen öffnete, um nach einem frostigen Winter die Wärme und das Leben zurück zur Oberfläche zu führen. Doch da verlor sie ihren Goldenen Frühlingsschlüssel zwischen den Blumen vor den Toren zu Sumus Kraft.*

*Firun, der Herr über Schnee und Eis, sah die Erdhöhlen offen stehen und die Blumen mannigfaltig sprießen und ergrimmte darüber, denn Tsa hatte den Winter zu früh zurückgedrängt um den Frühling zu rufen.*

*Nun ging Firun hin, nahm seinen Silbernen Winterschlüssel und verschloss das Erdreich, so dass Wärme und Lebenskraft aus Sumus Leib der Weg an die Oberfläche versperrt ward. Der Winter sollte noch eine Weile herrschen und dem Land Erholung schenken, bis es erneut bereit war zu erstarken.*

*Da zitterten und bebten Gras und Blumen und zogen sich vor Kälte schlotternd unter die Schneedecke zurück, um unter ihrem wärmenden Flaum noch ein wenig zu schlafen.*

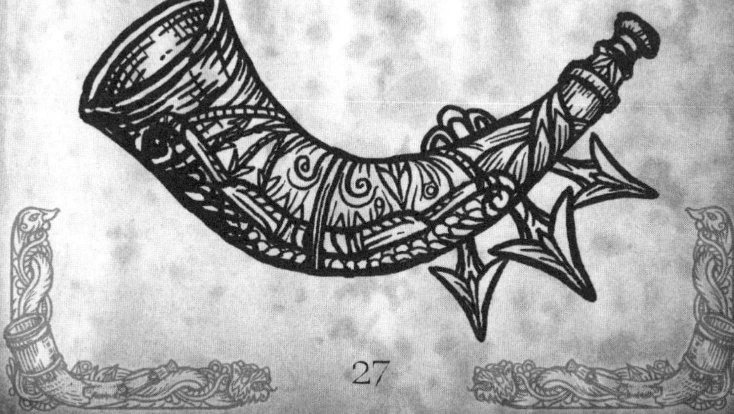

*Einzig und allein ein unscheinbares Blümchen, welches dort wuchs, wo die Junge Göttin ihren Goldenen Schlüssel verloren hatte, fasste sich ein Herz und steckte sein helles Köpfchen durch die Schneedecke, Kälte, Wind und Eis trotzend, um Tsa den Weg zum Schlüssel zu weisen.*

*Und als Tsa ihren Verlust bemerkte und voller Verzweiflung ihren Blick auf Dere richtete, den Schlüssel zu suchen, da gewahrte sie zwischen Schnee und Eis jene kleine Pflanze, die sich mutig dem kalten Wind entgegen stemmte. Da ward die Göttin überglücklich, küsste die zarte Blume und machte sie zur Wächterin des Goldenen Frühlingsschlüssels.*

*Seit jener Zeit wird die kleine Blume Schlüsselblume geheißen. Wenn sie erblüht weiß ein jeder, dass der Winter bald vorüber ist und Tsa den Goldenen Frühlingsschlüssel holen kommt, um die Erdhöhlen erneut dem nach oben strebenden Leben zu öffnen.*

*Firun jedoch übergab den Silbernen Schlüssel des Winters seiner Tochter Ifirn. Man sagt, er habe ihn ihr sogar gerne überlassen, denn dies ersparte ihm den alljährlichen Konflikt mit seiner quirligen, lebendigen Schwester.*

*Seit jener Zeit sind die Winter oft milder und kürzer, denn Ifirn ist voller Zuneigung zu dem Lebendigen und ihr Ohr ist offen für die Bitten ihrer Tante.*

## Berufen – Eine Nacht in Firuns Geleit

Um zu beschreiben, wie der Alte vom Berg und wie die Mittlerin Geweihte anweisen, zitiere ich eine Erzählung Ivrain ní Catholainn über ihre Berufung nach Perainefurten.

*Mitten in der Nacht fuhr ich aus dem Schlaf hoch. Der eisige Hauch, der mich geweckt hatte, drängte mich aus dem Bett, schien an mir zu zerren, mir etwas zuzuflüstern.*

*Mit einem Mal hellwach, trat ich hinaus. Die Vision traf mich wie ein Schlag – dort waren sie, die wilden Hunde meiner Träume, standen am Waldrand und warteten, warteten auf mich.*

*„Komm, komm jage mit uns."*

*So mächtig war der Drang ihren Worten zu folgen, dass ich mich schon nach kürzester Zeit auf dem Burghof befand, Bogen und Köcher über der Schulter, den Dolch an der Seite. Meine nackten Füße verursachten keinen Laut und mein Nachtgewand spielte mir gespenstig weiß um die Beine. Es wunderte mich nicht, dass mein Pferd bereits gesattelt auf dem Hof stand. Ich nahm auch die Wachen nicht wahr, die mir ohne zu Zögern das Tor öffneten.*

*Der Ritt war schnell, und mein langes Haar flatterte hinter mir wie eine dunkle Fahne.*

*Als ich den Waldrand erreichte, zügelte ich das Tier und stieg ab.*

*Schnee bedeckte den Waldboden, als ich zwischen die ersten Bäume trat. Eisige Stille schlug mir entgegen und hinterließ einen kalten Schauer auf meiner Haut.*

*Dort hinten warteten sie, auf der tief im Schnee versunkenen kleinen Lichtung.*

*„Komm mit uns foalchu bán, jage mit uns."*

*Ein leichtes Zittern durchlief meinen Körper, als diese Worte in ihrem Geist erklangen, mit einem sanften Flüstern gab ich Antwort.*

*„Wer ruft mich, Ivrain faolchu bán ní Catholainn, mit angenehmer Kälte zur Jagd in den nächtlichen Wald?"*

*Rauhes Lachen, Bellen erklang in meinen Gedanken, als ich die Lichtung betrat. Vor mir, keine zwei Schritt entfernt, saßen zwei Hunde, das Fell von so reinem Weiß, dass das Licht des Madamals es wie gleißendes Silber erstrahlen ließ. Noch immer war das lachende Bellen in meinem Kopf.*

*Arjuk und Aikul – die Erkenntnis über die Anwesenheit der beiden Schneehunde aus Firuns Wilder Jagd überkam mich gleichzeitig mit der überwältigenden Präsenz meiner Milden Herrin, die von vier Pfeilen ausging, die vor den beiden Hunden im Schnee staken. Jeder Pfeil mit unterschiedlichen Schwanenfedern verziert, aus Föhrenholz der Schaft und mit Spitzen aus ewigem Eis, waren sie ein Geschenk der Göttin und ihrer Töchter. Ich wusste dies alles ebenso, wie ich wusste, dass ich nur der Bote war, dies Geschenk zu überbringen.*

Jene Pfeile der vier Ifirnstöchter bilden heute zusammen mit dem Firun heiligen Bogen das Geschenk der Einheit im Zwölfgöttlichen Konzil zu Perainefurten.

*„Jage mit uns faolchu bán."*

*Die Stimmen der beiden Hunde hallten noch in meinen Gedanken wieder, als diese auch schon im Unterholz verschwanden. Die Pfeile fest umklammert, jagte ich hinter ihnen her. Die Hufe des Pferdes berührten kaum den Boden, kein Gehölz versperrte ihnen den Weg, dennoch zerrissen Dornenranken mein Gewand, schlugen Äste mir den Köcher von der Schulter, doch bemerkte ich all dies kaum, jagte nur den weißen Schemen nach, die vor mir den Weg wiesen.*

*Mit einem Mal hatte ich das Ende des Waldes erreicht. Vor mir erstreckte sich eine weite Ebene, auf der eine weiße Gestalt zu sehen war. Erschrocken zügelte ich mein Pferd.*

*Leises, lachendes Bellen verklang in der Ferne. Nicht die Hunde waren es, die dort warteten, sondern ein großer, majestätischer, weißer Hirsch in dessen Rücken sich die Drachensteine türmten.*

*Noch immer war es kalt. Frost überzog das spärlich gewachsene Gras und die eben grünenden Blätter der Bäume, und noch immer umschlossen meine halb erfrorenen Finger die Pfeile der vier Ifirnstöchter.*

*Die Dunklen Augen des Hirsches schauten mich unverwandt an, blickten direkt in meine Seele.*

*Ärö – konnte es wirklich sein? Welch Schicksal hatten der gestrenge Herr Firun und seine milde Tochter mir angedacht, solche Führer zu schicken mir den Weg zu weisen?*

*Noch immer stand der weiße Hirsch vor mir, das mächtige Geweih hoch aufgerichtet, erhaben in seiner Gestalt und seinen Bewegungen, in vollkommener Harmonie und innerer Ruhe, die mit jedem ihn umgebenden Geräusch, gleich dem Ton einer kristallklaren Weise, im Einklang lag und doch lautlos schien. Dann senkte er das Haupt, um es gleich darauf, wie zu einem Gruß, wieder zu heben.*

*Noch nie hatte ich mich so eins mit meiner Herrin, noch nie so nahe ihrem gestrengen Vater gefühlt.*

*„Ivrain faolchu bán." Die sanft röhrende Stimme des Hirsches in meinem Kopf erfüllte mich mit solcher Freude, solcher Vertrautheit, dass mir die Tränen in die Augen stiegen. Wo die Stimmen der Hunde meinen Jagdinstinkt geweckt hatten, so geborgen und behütet fühlte ich mich nun.*

*„Komm näher."*

*Ich ließ die Zügel meines Pferdes fahren und schritt langsam, aber ohne zu zögern, auf die weiße Gestalt des Hirschs aus Firuns Gefolge zu. Zwei Schritt vor dem erhabenen Geschöpf hielt ich jedoch. Mein Atem ging schwer, das Blut pulsierte mir in Armen und Beinen. Nie hatte ich solch makellose Schönheit geschaut, nie solch milde Wildheit gespürt. Dann war der Hirsch plötzlich bei mir. Seine weiche Nase schmiegte sich in meine freie Hand.*

*Eisig warme Kälte durchströmte mich, ließ meinen Geist für einen Moment die grimme Herrlichkeit des Gottes über Schnee, Eis und Kälte erahnen und mich im selben Augenblick das Bedauern um seine Kinder und den Zorn über jene, die ihnen und ihrem Land Leid antaten, erfahren. Mein ganzes Sein schien in diesem Zorn zu vergehen und gleichzeitig zu wachsen, neu geformt zu werden. Meine Beine gaben unter mir nach und ich fiel auf die Knie. Eisige Tränen ran-*

*nen über mein Gesicht. Mein Haar, das wie ein Wasserfall über meine Schultern floss, war weiß geworden. Dort wo das dunkle Braun noch zu erkennen war, war es blass, fast grau.*

*„Herr, Herrin ich will eurem Willen gerecht werden und euch dienen, wie ihr es wünscht."*

## Die Geschichte der Kulte

Die Geschichte eines Kultes besteht zum großen Teil aus alten Mythen und Sagen. Sie ist also keine historische Wissenschaft, ganz besonders nicht in einer Kirche, die auf schriftliche Niederlegung verzichtet. Die Überlieferungen aus mündlicher Tradition haben sich im Laufe der Jahrhunderte stark verändert, sind gewachsen, oder aber auf das Nötigste reduziert worden. Zwischen all den Varianten gibt es aber auch immer Gemeinsamkeiten, die vermuten lassen, dass es sich hier tatsächlich um Fakten handelt. Diese habe ich versucht für euch zu sammeln und in eine geordnete Reihenfolge zu bringen. Manche mögen euch als unwichtig erscheinen, oder ihr fragt euch was sie mit Firun oder Ifirn zu tun haben und doch sind sie ein fester Bestandteil in den Geschichten unserer Kulte.

Ich will mit den Legenden um den Skalden *Torstor Om* beginnen. Auch wenn nirgends belegt ist, dass die Erzählungen um den trinkfesten hjaldingschen Skalden wahr sind, so finden sich in seinen Liedern durchaus Hinweise darauf, dass er tatsächlich den Asainyf bezwang und dort eine Erscheinung hatte, die dem Wesen Firuns gleichkommt. Die Eiswinde des Berges schnauben noch heute seinen Namen. Oooom, Oooooom, klingt es von den eisüberzogenen Felsen wider.

War er also der erste Mensch, der den Alten vom Berge von Angesicht zu Angesicht erblickte? War es die Milde Ifirn, die ihm schlussendlich leibhaftig erschien und ihn in des Vaters Reich führte? Wir wissen es nicht, aber unser Glaube bestätigt die Sage. Unsere Lehrmeister kennen viele der alten Mären und auch wir werden diese dereinst an unsere Schüler weitergeben.

Klar belegt in der Chronik Trallops, dem damaligen Tralupum, hingegen ist die Offenbarung Firuns gegenüber Beowein dem Fischer, an den Eisigen Stelen, um 340 v.BF. Zum ersten Mal wird der Name des Eisigen Gottes genannt. Von nun an ist er nicht länger der Alte vom Berg, dessen Name dem einzigen Menschen, dem er bekannt gewesen sein soll, solche Frucht einjagte, dass er ihn seither nicht zu nennen wagte. FIRUN ist der Name des Gottes, des Gebieters über Eis und Jagd. Warum also erschien er gerade dem Fischer? War dieser der erste Geweihte Firuns, da er doch von ihm erwählt wurde, die Kunde seines Namens und seiner Wunder zu verbreiten? Ja, erwählt wurde er und nein, ein Geweihter des Gottes war er sicherlich nicht. Es war an der Zeit, nicht mehr und nicht weniger.

Nun kommen wir zu einem Teil der Geschichte, der den Gelehrten unter euch bekannt sein mag. Einige Begebenheiten jedoch erzählt man sich ausschließlich in den Kreisen der Geweihten Firuns und Ifirns, wenngleich diese auch hier umstritten sind. Ich möchte sie dennoch zu bedenken geben, denn wenn sie wahr sind, und davon bin ich überzeugt, so erzählen sie einen nicht unbedeutenden Teil der Kirche des Weißen Jägers, der ansonsten im Dunkeln läge.

Wenn von den alten Zeiten der Al'Hani und ihren Priesterinnen die Rede ist, vergessen viele, dass es nicht nur eine Königin, sondern auch ein Fürst die Alhanier regierte. Der Al'Hanische Fürstgemahl, der seiner Gemahlin treu zur Seite stand und mit ihr zusammen herrschte. Er regierte mit starker Hand und dem Schwert, sie mit der Macht des Wissens und dem Stab der Priesterinnen auf der anderen Seite. Diese Einheit konnte am Ende nur der Verrat von innen zerstören. So wie sie regierten, so verehrten die Al'Hani jedoch nicht nur Hesinde, sondern auch einen Gottgemahl an ihrer Seite. Wenngleich der Name des Gottes nicht überliefert ist, so kann doch kein Zweifel daran sein, dass es sich um Firun handelte.

Als Sildroyan der Schmied, Gemahl Merishjas, letzter Königin der Alhanier, ein Schwert schmiedete, um den Mörder seiner Schwägerin zu richten, schmiedete er sieben Jahre. Sieben Jahre wob er Gebete an seinen Herrn hinein, zwang das glühende Metall in Eiswasser zu erhärten, verlieh ihm die Stärke und Kälte des Gottes und tränkte es mit dem Blut des Verräters. So ist es weder Zufall, dass dieses Schwert später zur Bergkristalllöwin wurde, noch, dass es ein Herrscher-Insignium Tobriens ist, denn noch bevor Jarlak der Waidmann es den Klauen der Goblins entriss, war es bereits lange zuvor im Besitz tobrischer Herzöge. Als Merishja und Sildroyan auf dem Scheiterhaufen verbrannten, floh ihre Tochter Hanija vor dem Zorn der Priesterkaiser und nahm die Klinge des Vaters mit ins Exil. Wenngleich das Schwert danach als verschollen galt, ist es in der Kirche Firuns und Ifirns ein offenes Geheimnis, dass Agnitha, Urenkelin Merishjas und Enkeltochter Hanijas, die Klinge ihrem Gemahl zum Geschenk machte, als sie um 215 v.BF den Herzog Tobriens heiratete. Ich bin der festen Überzeugung, dass jener Herzog ein Geweihter Firuns war. Sein Name lautete Grauthan der Wolf.

In der Kirche des Firun gibt es die „Legende vom Ersten Wolf". Mithin wurde angenommen, dass es sich bei dem Wolf um Gorfang handelt, den Ersten unter den Wölfen der Wilden Jagd. Doch wer weiß, ist es vielleicht Grauthan, von dem erzählt wird oder dann doch Isegrein der Wanderer? Entscheidet selbst.

*In den Tagen des Wandels streifte ein hungriger junger Wolf durch das Revier Firuns, auf der Suche nach Beute. Der Weiße Jäger erkannte die Stärke und den Jagdtrieb, der in dem Geschöpf lag und so beschloss er dieses zu prüfen. Eiswind und Hagelsturm fegten über den graufelligen Jäger hinweg, seine Sinne zu verwirren und seine Kräfte zu verzehren. Die Glieder wurden dem Wolf taub und der Pelz starr vor Kälte, doch unermüdlich folgte er seinem Instinkt, der ihn immer weiter seiner Beute entgegentrieb, dem weißen Hirsch.*

*Da sandte Firun Gefährten aus, den Wolf in die Irre zu führen und vom Pfad abzubringen. Doch keine Täuschung, List oder Gewalt ließ ihn auf seinem Weg zaudern.*

*Als das Wüten der Gewalten den Fremden nicht aufzuhalten vermochte und die Gefährten des Grimmen Gottes unverrichteter Dinge zurückkehrten, stieg Firun selbst von seinem Thron herab und trat dem Grauen in den Weg. Wild entschlossen, der Beute zu folgen, nahm der Wolf die Herausforderung an und stritt grimmen Mutes gegen den Göttlichen Bären. Von der Entschlossenheit und dem unbeugsamen Willen des Geschöpfes beeindruckt, erwählte der Alte vom Berg den jungen Wolf und die Seinen, sein Rudel zu mehren, zu folgen und zu dienen.*

*Und so scharte der Graue jene um sich, die ihm glichen und trat in den Dienst des Grimmen Herrn, der da war der Gott von Eis und Jagd.*

So wie der Vater dem Eisigen diente, so war es Grauthans jüngste Tochter, Virjinja, die von der Schwanengleichen schon in der Wiege erwählt wurde, ihr zu dienen und fortan *Schwanenprinzessin* geheißen wurde.

*Und als das Kind zum ersten Mal in die Wiege gelegt wurde, kam ein Schwan geflogen, setzte sich auf den Rand des Bettchens und streckte dem Kind den Schnabel entgegen. Das Mädchen schlug die Augen auf, lächelte und ein silberner Glanz fiel auf das kleine Gesicht, der sich in seinen Augen fing und nicht mehr wich. Silberblau sanft blieben die Augen des Kindes und kündeten von der Verbindung zwischen den Töchtern. Schwan und Prinzessin waren vereint.*

98 v.BF wurde, unter Kaiser Silem, Firun als Gott Alverans anerkannt und die bislang als dubiose Bruderschaften verschrienen Gemeinschaften als wahre Kirchen bestätigt. Da die Geweihten von Vater und Tochter jedoch ausschließlich von Gott und Göttin selbst erwählt werden, hatte dies weniger Auswirkung auf die Zahl der Dienenden, als vielmehr auf die der Gläubigen. Vielen war der Glaube an einen gestrengen Wintergott und seine Wilde Jagd sowie das Wissen um die Notwendigkeit der Entbehrungen ein Trost während der eisigen Zeit. Besonders die sanfte Schwanengöttin half den Menschen die harten Wintertage besser zu ertragen. Einige Herrschende ließen von ihrer Maßlosigkeit ab und wandten sich dem rechten Pfad zu. So wuchs die Glaubensgemeinde zunächst im Norden an, wo das Gefühl für die Macht des Winters präsenter und die Notwendigkeit einer glücklichen Jagd bedeutsamer waren und sind.
So begann die Gemeinde der Gläubigen zu wachsen und die Erwählten des Weißen Jägers und seiner Tochter sind seither geachtet und wohlgelitten.

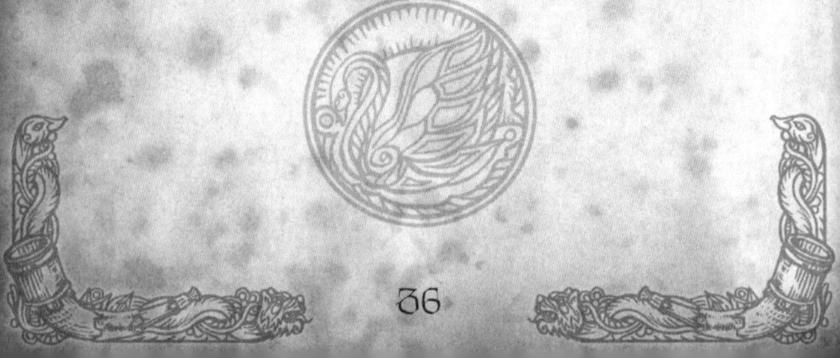

## Dem Grimmen zu eigen

### Wilde Jagd

*Eisiger Hauch in der Höhe schreitet voran,*
*schreitet voran, wenn der Grimmige sein Ross besteigt,*
*wenn die Meute rennt und der Gewandteste den Schnellsten, der Schnellste den Gewandtesten zu übertreffen sucht.*
*Renne Silberfuchs, renne, und weise den Weg in eisige Höhen,*
*wo der schwarze Adler fliegt um das Haupt seines grimmigen Herrn.*
*Himmelswolf,*
*eisiger welcher,*
*in sturmgepeitschten Höhen, wo Lefzen zerreißen die flüchtende Beute im Vorüberwehen.*
*Jage, wenn donnernde Hufe hinter dir kalte Luft zerschneiden.*
*Jage und bringe den Zorn deines Herrn über frevelndes Tun, wie brüllendes Schneetreiben mit Löwengestalt, erstickt den Atem der Flüchtigen.*
*Wilde Jagd,*
*stürmisch kalte, eisige Jagd,*
*deren Herr DU bist, grimmiger Gott.*
*Fürchtet euch Frevler, wenn des eisigen Gottes Jagdhorn erschallt.*
*Wenn das Röhren des weißen Hirschen verklungen, bleibt nur Stille und frostiger Hauch*
*ohne Ruhestätte für euch,*
*wo des grimmen Gottes Atem weilt,*
*in eisigen Höhen.*

Wer den eisigen Atem Firuns das erste Mal gespürt, wer das allererste Mal einen Hauch seiner Göttlichkeit erfährt, der weiß, dass es dem Herrn des Eises nur ganz zu dienen gilt, oder gar nicht.

Unter seinem Blick gibt es kein Zögern noch Zaudern, kein Mitleid und keine Gnade. Im Gesetz der Wildnis ist es der Stärkste seiner Art, der überlebt. Wer Schwäche zeigt, und sei es auch nur ein einziges Mal, den straft die Natur unerbittlich im ewigen Kreis des Fressens und Gefressen-Werdens.

Manch einer mag die Vorstellung haben, ein Firuni sei nicht mehr als ein Jäger, der sein Leben dem Gott verschreibt. Sicher gibt es auch unter uns jene, die Hüter der Jagd, die eine solche als das wahre Wesen ihres Gottes verstehen, und so mag es auch nicht ganz von der Hand zu weisen sein, denn eine gute Jagd umfasst beinahe alle Aspekte des natürlichen Kreislaufs von Werden und Vergehen. Und dennoch ist der Überlebenskampf, den es zu führen gilt, mehr als nur Jagd.

Für manche Ohren mag es gar grausam klingen, aber dem Gesetz der Wildnis ist jeder Firuni verpflichtet.

Sehen wir keine Möglichkeit einem verletzten Tier zu helfen, oder bringt uns der Versuch selbst in Lebensgefahr, so erlösen wir es von seinen Qualen. Dasselbe gilt für Menschen.

Ein Firuni lässt niemals ein Leben hilflos leidend zurück, wenn er weiß, dass es sonst qualvoll zu Grunde geht.

Gerade dies mag auch einer der Gründe sein, warum wir als unerbittlich gelten, als kalte, beinahe grausame Anhänger eines gefürchteten Herrn. Im Grunde liegt diese Einstellung am Wandel der Zeit und der Gesellschaft, denn so unerbittlich wir auch sein mögen, so hat dies unter freiem Himmel durchaus seinen Sinn. Wer seine Tage in der Natur verbringt, der weiß, dass jeder Fehltritt, jede noch so kleine Wunde, jeder unbedachte Laut, zum Todesurteil werden kann.

Wer bereits einmal einen Götternamen lang, oder auch weniger, den Hohen Norden durchwandert hat, der weiß, wovon ich spreche. Eine solche Erfahrung prägt mehr als tausende Geschichten.

Doch heutzutage leben die meisten Menschen in Siedlungen, Dörfern, gar Städten und befinden sich in einer Gesellschaft, in der es sich einige Wenige zur Aufgabe gemacht haben die Vielen zu schützen. Häufig wird diese Beziehung als Verhältnis zwischen Adel und Gefolgsleuten zum einfachen Volk bezeichnet, denn in einem Rudel beschützt der Starke den Schwachen.

## Von der Milden berührt

### Ifirnsruf

*Weiße Federn, deren milde Schwingen auf kaltem Luftzug gleiten, sich warm über Schnee decken.*
*Schwarze Augen, deren zarte Tiefe voll Vertrauen des Wanderers Auge blickt, schauen dunkel in Abgrund und Seele.*
*Zaudere nicht, schönes Geschöpf, deine leise Klage an die Sterne zu richten, den weißen Hals dem Himmel zugewandt.*
*Gesang, der dich umspielt, dein sanftes Gemüt zu beschreiben und doch deiner Anmut nicht gerecht wird, zartes Wesen, dessen silbergleiches Antlitz zu Tränen rührt und auf ewig Güte in die Herzen jener setzt, die dich geschaut.*
*Weise du mir den Weg, silberweiße Schwänin.*
*Aus tiefster Sehnsucht bebt mein Herz dir zu folgen.*

Die milde Herrin Ifirn hingegen ist nicht so streng wie ihr Vater. Güte und Wärme ist in ihrem Herzen und die Menschen dauern sie in ihrem ewigen Kampf ums Überleben. Wo sie kann mag sie es ihnen erleichtern. Warum der Kälte trotzen, wenn man es warm haben kann?

Und doch dienen die Ifirngeweihten im Grunde beiden, denn Firun ist der Vater.

So ist auch eine Geweihte der Ifirn Prolegatin des Firun im Zwölfgöttlichen Konzil zu Perainefurten, Ivrain ní Catholainn, die Weiße Wölfin. Gerufen von Firun und geleitet von den Gefährten der Wilden Jagd, bewahrt sie die Zuversicht der Menschen in ganz Tobrien, aber auch Weiden, so gut sie es vermag.

Und so sind sie, die Geweihten der Schwanengleichen, der Wegbereiterin, Milden, Sanften Tochter, der Gnadenvollen, Hoffnungsträgerin. So ist SIE und wird ihr Wirken bei Mensch und Tier gleichermaßen empfunden. Denn sie liebt das Leben, das reine, unverdorbene und aufrichtige Wesen. In ihrem Glanz zu wandeln bedeutet ohne Falsch zu sein und voll der zärtlichen Hingabe. Nichts kann ihren Geweihten die Hoffnung nehmen, nichts sie davon abhalten diese auch in die Herzen der Menschen zu tragen. Ihre Zuversicht, ihr Mut und ihre Opferbereitschaft sind es, die den Glauben der Menschen in den gebeutelten Landen aufrechterhalten. Sie sind es, die Diener der Zarten Ifirn, die es vermögen den Menschen trotz allen Schmerzes, trotz Leid, Armut und drohendem Verderben, ein Lächeln zu entlocken und ein Licht in all der Finsternis zu sein.

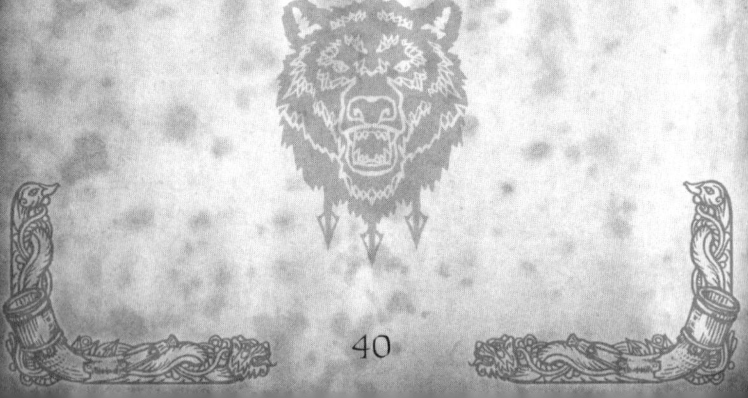

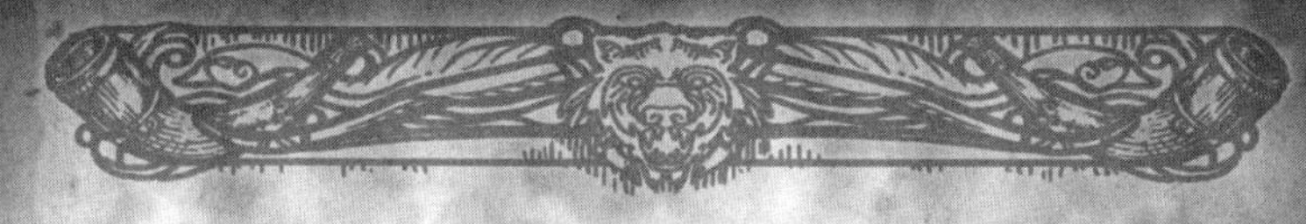

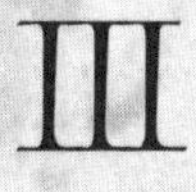


# Gebete und Anrufungen

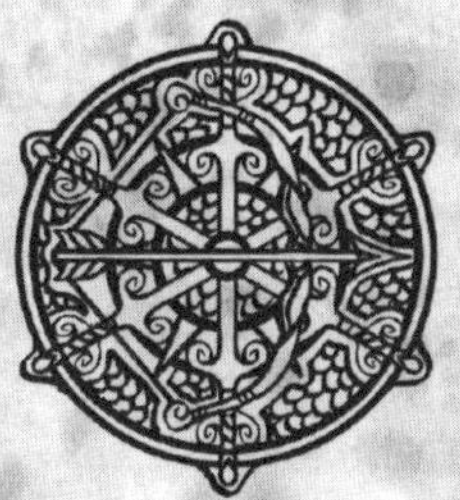

## Zorn zu mildern

### Lobpreis

*Herr der eisigen Weiten, Meister über Schnee und Eis,*
*Dein kühler Sinn, dein scharfer Blick, dein Jagdgeschick,*
*weist mir den Weg.*
*Durch dich werde ich stärker*
*Durch dich werde ich schneller*
*Durch dich werde ich lebendiger.*
*Du forderst mich*
*Du prüfst mich*
*Du erhöhst mich*
*Dir Lobpreis*
*Dir Dank*

### Seiner Lehre folgen

*Eis, Verstand, Kälte, Geist, mein Bewusstsein unter Deinem Schild*
*Schneetreiben, Jagd, Überleben, Kampf, mein Handeln folgt Deinem Fingerzeig*
*Gebiete über mich, richte über mich, führe mich, unterweise mich*
*Deine Lehre, mein Leben*
*Mein Leben, Dein Zorn*
*Dein Zorn, meine Prüfung*
*Meine Prüfung, Deine Lehre*

## Gesang zur Jagd

*Wir folgen dem Wild auf seiner Spur*
*Hmhm Firun vor*
*In Wald und Tal, auf Berg und Flur*
*Hmhm Firun vor*

*Begleite unser Streben,*
*das Wildbret zu erlegen*
*Hmhm Firun vor*
*Hmhm Firun vor*
*Hmhm Firun vor*

*Dolch und Bogen zur Jagd bereit*
*Hmhm Firun vor*
*Ob Hund oder Falke zum Geleit*
*Hmhm Firun vor*

*Wir lassen die Hörner schallen*
*Firun zum Gefallen*
*Hmhm Firun vor*
*Hmhm Firun vor*
*Hmhm Firun vor*

*Firun Firun Firun vor*
*Firun Firun Firun vor*
*Firun vor vor vor vor*
*Firun vor vor vor vor*
*Firun Firun Firun vor*

## Anrufungen und Fürbitten

*„Firun, führe meine Hand."*
(um Geschick)

*„Lass mich stark sein, grimmiger Herr."*
(um Willensstärke und Ausdauer)

*„Herr der schneebedeckten Weiten, weise mir den Weg."*
(für eine sichere Heimkehr)

*„Alter vom Berg, Dein Blick fällt voller Zorn auf die Frevler,*
*lass ihn an uns vorübergehen."*
(um einen milden Winter)

*„Eiskalter Herr, gerecht ist Dein Weg. Hilf mir in meinen Qualen*
*und lass den meinen Schmerz rasch enden."*
(um einen schnellen Tod)

# Die Gemeinschaft zu schützen

## Schwanenflug

*Schwebend singt der Himmelsschwan Dein Lied, Tochter des Schnees*
*Träumend blicke ich zu ihm empor*
*Gebrochen ist der Bann, des strengen Vaters Leid und Weh*
*Geöffnet sind die Flügel an des Frühlings Tor*

*Fliege übers Land und bringe Kunde, Himmelsschwan*
*Von frischem Klee und erstem, zartem Grün*
*Der milden Herrin Atem begleitet den Gesang*
*Der uns der liebste Ruf nach langer Winter Mühn*

*Zum Himmel flieg hinauf und bringe unsern Dank*
*Der Mutter, die uns liebt und uns beschützt*
*Und deren Bitten an den Vater, ob der Menschen Bang*
*Uns Hoffnungslicht in Finsternis und Kälte ist*

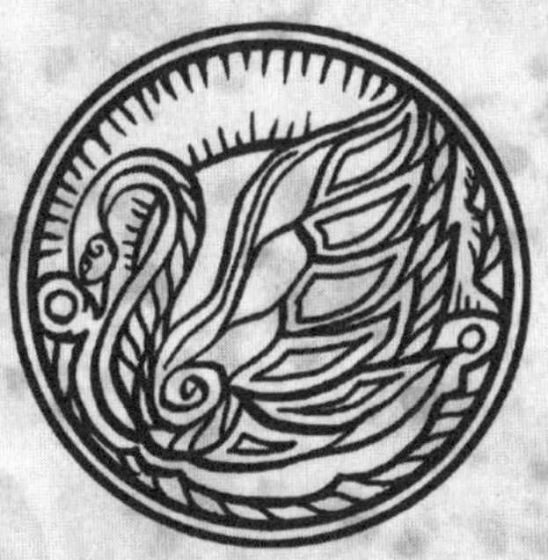

## Schwanenlied

*Ich fürchte weder Tod noch Kälte,*
*ist auch Golgari nicht weit*
*Denn deine Milde, deine Wärme,*
*hüllt mich in sanfter Federn Kleid*

*Komm Schwanengleich, sing mir noch einmal dieses Lied,*
*das ich vernommen auch schon vor der Zeit*
*das mich ganz sacht in jeden Schlaf gewiegt*
*und nun zur letzten Ruh ist mein Geleit*

*Lass mich noch einmal deine sanfte Stimme*
*Dein leises Raunen hören, das ich so geliebt*
*Bevor dein mildes Schwanenflügelrauschen*
*dem fordernd Ruf des Raben ganz erliegt*

*Sing mir vom Schnee und sanfter Flocken Wehn*
*Von Eislauf, Winterbold und Schlittenziehn*
*Von puderzuckerweiß bestäubtem Tannengrün*
*von Märchen, dort, mit heißer Milch an dem Kamin*

*Sing mir vom Frühling und vom ersten zarten Blüh'n*
*Das, noch im Schnee geboren, von Wärme ist umhüllt*
*Sing mir mein letztes Lied und lass mich zieh'n*
*Ins Paradies, auf das mein Sehnen sich erfüllt*

*Ich lausche Dir*

## Bitte

*Milde Herrin,*
*Erhöre mein Flehn*
*Verscheuche die Angst*
*Vor Tod und Vergeh'n*
*Vertreib die Dämonen*
*In Herz und Verstand*
*Weis' mir den Weg,*
*Nimm mich bei der Hand*

*Erweise mir Milde,*
*Herrin mein*
*Und nimm hinfort*
*Des Vaters Pein*
*Gib mir Hoffnung*
*Und Zuversicht*
*Spende mir Wärme*
*Führ' mich zum Licht*

## Milde

*Besänftige des Alten Zorn,*
*geliebte Herrin mein*
*nur Du vermagst das Eis zu schmelzen*
*nur deiner sanften Stimme lauscht*
*der Vater Dein*

*Erweise uns die Gunst*
*Und hüte unser Heim*
*Das Alter und die Jugend mag*
*Von deiner Flügel Schutz beschirmt*
*Gefeit vor Unbill sein*
*Kein Unheil dräue uns, durch dich*
*Hoffnungsträgerin*
*Du, die selbst Borons Willen beugt*
*Und dem Götterfürst gebeut,*
*Der Menschen Wohl im Sinn*

*Lass Milde walten diesen Mond*
*Dass Firuns Hauch vergeht*
*Und mit des Frühlings zartem Hauch*
*Des Winters unheilvoller Lauf*
*Im warmen Wind verweht*

## Anrufungen und Fürbitten

*„Sanfte Herrin, Tochter Firuns, erhöre uns. Allzu grausam ist des Vaters Wille, lass Milde walten."*
(um einen milden Winter, das Genesen Kranker oder zum Schutz vor Unglück)

*„Schwanenumflügelte, dein Wille ist mein Gebet. Führe mich auf deinem Weg."*
(um Weisung, sowohl geistig wie körperlich)

*„Herrin, des Vaters Wille hat genommen was mir das Liebste, geleite es sanft auf seinem Weg ins Paradies."*
(für die Seele eines geliebten Wesens)

*„Bitte, Schwanenkönigin, Hohe Tochter, sei uns hold. Beschirme dieses Kind, dass es dem Frühling voll Wonne entgegenblickt."*
(bei Geburt oder Krankheit eines Kindes im Winter)

*„Weise Jägerin, die du dich erbarmst der Not der Leidenden, führe uns Messer, Pfeil und Speer, auf dass ein Leben erhält das andere."*
(um Jagdglück)

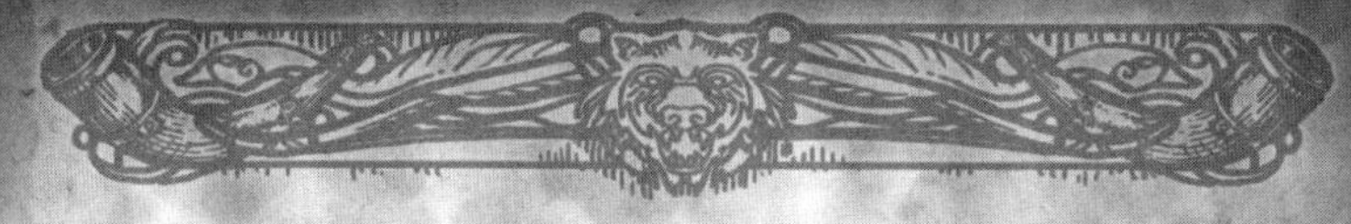

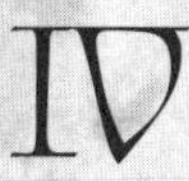


# Liturgisches Wirken

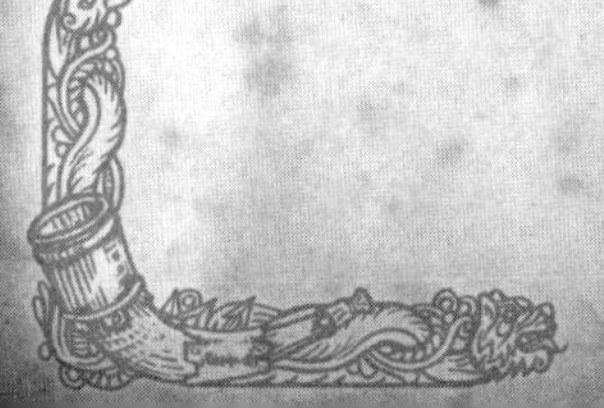



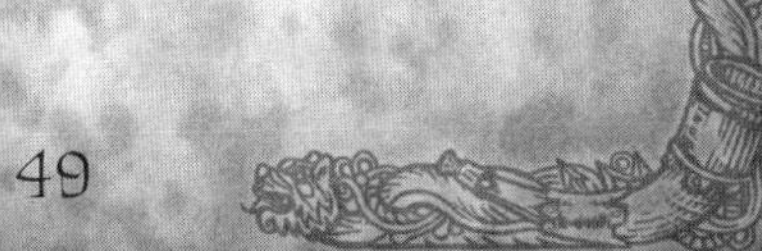

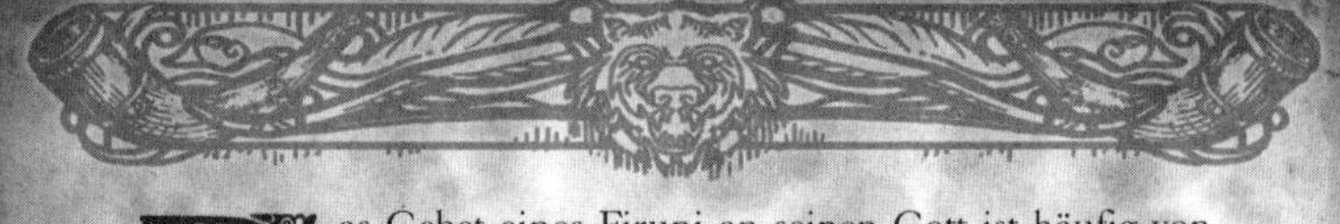

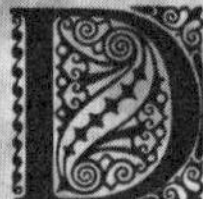

Das Gebet eines Firuni an seinen Gott ist häufig von stummer Natur und findet in der Stille der eigenen Gedanken statt. Oft sind dies auch weniger Worte, als vielmehr zielgerichtete Gefühle und deren Bilder oder fokussierte Handlungen. Dennoch kennt ein Firuni zu beinahe jeder Liturgie auch Worte, die es ihm vor allem am Anfang seines Dienens erleichtern, sich auf die Macht des Gottes einzustellen. Als Geweihter des Alten vom Berg muss man sich allerdings auch immer gewahr sein, dass die Macht, die man ruft, eine Prüfung beinhaltet. So ist es schon vorgekommen, dass Firun seine Macht versagt, wenn das Ansinnen des Geweihten nicht dem Willen des Gottes entspricht. Auf der anderen Seite kann ein einfaches Stoßgebet in höchster Not, und sei es von einem noch so geringen Diener gesprochen, sogar einen Gefährten der Wilden Jagd herbeirufen, dem in Not Geratenen beizustehen.

Man sei sich also gewiss, dass der Gott seine Diener wohl hört, denn er harrt aus und lauscht in die Stille. Seine Aufmerksamkeit zu erregen jedoch ist, als wolle man einen lauernden Jäger dazu bewegen sich zu erheben und einer anderen Beute zuzuwenden. Doch ist sie einmal gewonnen und sein Zorn geweckt, so vermag sich ihm nichts mehr entgegen zu stellen.

Um ein Wunder zu erbitten, ist es immer von Vorteil, mit bloßer Haut den Boden zu berühren und nicht mehr Kleidung zu tragen als notwendig. Das Gewand des Gefährten trage aber stets bei dir, denn es ist deine zweite Haut und eine Verbindung zum Grimmen und seiner Tochter.

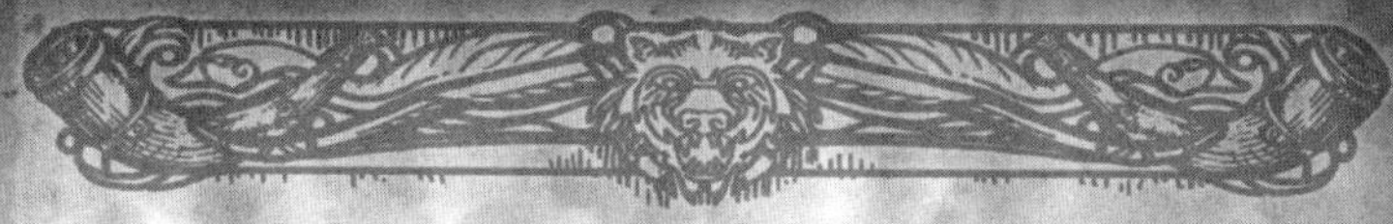

# Gemeinschaftliche Liturgien

## Märtyrersegen

Nicht selten genug ist es in letzter Zeit vorgekommen, dass Geweihte im Kampf gegen die Finsternis gefangen genommen und gefoltert wurden. Um der Tortur mit grimmem Stolz und ohne ein Wort des Verrats zu begegnen, richte deine stumme Bitte um Beistand an den Herrn des Eises und lenke deine Gedanken nach innen, in die unendliche Grimmfrostöde, die Teil seiner unsterblichen Seele ist.

*Herr des Eises, Kälte ist dein Sein. Lass auch mich den Weg zu Kälte finden, auf dass sich keine Regung offenbare meinen Peinigern. Firun sei bei mir.*

*Gnädige Herrin, es ist der Schutz des Vaters und seine Kälte, um die ich bitte, auf das kein Wort des Leids über meine Lippen komme und der Schmerz meinen Geist nicht zerrütte.*

## Schutzsegen

Der Schutzsegen weist das Dunkle ab und erschafft eine Zone göttlicher Aura um dich, in die keine Kreatur der Dunkelheit einzudringen vermag, ohne zumindest erheblichen Schaden zu nehmen. Je reiner dein Herz, je gefälliger deine Art, desto mehr Schutz wird dir die Segnung bieten.

Ziehe einen Kreis um dich und rufe dein Seelentier um Beistand an. Nutze hierfür den Umhang des Gefährten und lasse die Augen des Tieres gen Angreifer blicken. Hebe deine Stimme und wirf sie dem Angreifer entgegen, auf dass sie bis Alveran schalle.

*Wacht halte ich, Wacht stehe ich. Weiche zurück dunkle Kreatur, denn ich werde nicht wanken. Im Namen Firuns trete ich dir entgegen, weiche zurück.*

*Ifirns Lohe ist rein und duldet deine dunkle Absicht nicht. Hebe hinfort dein besudeltes Sein, denn hier steht eine Dienerin der Göttlichen und wagt es dir zu widerstehen. Hinfort, sage ich.*

## Jagdglück

Ist schnelle Hilfe für hungernde Bedürftige geboten, so ist manchmal nicht die Zeit, dass ein Firuni allein auf sein Jagdgeschick vertraut. Hierzu mag er nun den Heiligen Mikail um Beistand bitten. So wie er einem ganzen Dorf das Leben geschenkt durch seine Jagd. Der Speerwerfer mag den Heiligen dabei natürlich um einen glücklichen Wurf bitten, der Waidmann auf der Pirsch um einen glücklichen Stich mit der Saufeder.

*Deinem Schuss, deinem Lauf, deinem Blick, sei bei der Jagd verliehen Glück. Beim Heiligen Sankt Mikail, Beute für den aufrechten Jäger.*

*Des Vaters eisigen Willen und der Tochter Wohlwollen für die Jagd mögen deinen Pfeil leiten, deinen Dolch führen und für reiche Beute sorgen. Sankt Mikail zum Gefallen.*

## Objektsegen

Den Segen für eine Substanz oder ein kleines Objekt zu erbitten, ist in vielen Kirchen Gang und Gebe. In der Kirche des Firun allerdings sind uns Schnee und Mahlzeit immer heilig, ob nun gesegnet oder nicht. Sollte man allerdings in eine Situation kommen, in der man sich gegen daimonisches Pack erwehren muss, so kann eine einfache Segnung durchaus ihren Zweck erfüllen.

Und nein, man sollte nicht versuchen einen Dämon mit heiligen Schneebällen zu verletztten!
So magst du einen kleinen Bereich Schnee, Eis oder Boden segnen oder den Pfeil, der die Beute erlegen soll. Doch wenn du dich auf diesen Schutz verlässt, sei gewarnt, denn es mag vorkommen, dass er nur wenige Stunden anhält. Ein Pfeil zum Beispiel bleibt höchstens bis zum nächsten Schuss mit dem Segen des Herrn belegt.
Hast du Wildbret erlegt, um, in Firuns Namen, hungernde Menschen zu speisen, so steht es dir durchaus an auch diese Speise zu segnen, dass jene erfüllt werden von satter Hoffnung. Doch bedenke, im Gegensatz zum einfachen Speise- oder Tranksegen, wird diese Mahlzeit nicht nur genießbar sein, sondern in ein göttliches Mahl gewandelt. Ein kleiner Bissen davon sättigt und verleiht Kraft in hohem Maß.
Wende dich also zum Vollziehen der Segnung gen Firun und breite die Hände über dem Objekt aus. Beginne mit dem Firunssymbol zu deiner Linken und schlage den Bogen nach rechts. Nun zeichne den Pfeil von Nord nach Süd, dann die Federn und schlussendlich mit beiden Händen die Spitze des Pfeils gen Firun. Vollführe die Geste, während du eine angemessene Segnung erteilst.
Als Ifirngeweihte zeichne den fliegenden Schwan mit den ausgebreiteten Schwingen nach West und Ost und dem Schnabel gen Firun.

*Herr über das Eis, Herr über den Schnee, Herr der Jagd, ich bitte Dich um deinen Segen. Lass dies durch deinen Diener von deiner Kraft und deinem Glanz erfüllt sein. In deinem Namen segne ich …*

*Herrin Mild, zarte Schwänin, gnädige Frau, lass Hoffnung in die Herzen ziehen, du, die du diese Mahlzeit gnadenvoll geschenkt. Wir danken dir und bitten um deinen Segen. Ifirn, schenke uns Wärme.*

*Schwanengleich, dein Flug geht über Feld und Wald, über See und Berg, hoch, hoch hinaus und tief hinab. Du kennst den Himmel und die Erd' gleichwohl und berührst mit den Schwingen die schneebedeckten Gipfel. Unter deinem Federkleid soll dieser Boden ruhen. Lass deinen Schutz auf ihm weilen, dass die Schatten weichen und nicht wiederkehren. Dir dank, o Gnadenreiche.*

*Finde dein Ziel. Das dunkle Herz lass erzittern. Fliege schnell, treffe hart, töte rasch. Der Schwanengleichen Ruf eilt dir voraus.*

## Objektweihe

Vielleicht ist es das Gesellenstück eines Bogenbauers, vielleicht die Lieblingswaffe eines gerechten Kriegers oder der einfache Dolch eines Schafhirten. Es gibt immer Menschen, die dich bitten ihre Waffen einer Weihe zu unterziehen, sei es damit ihr Träger in den Kampf gegen die unheiligen Horden ziehe, oder nur um Schutz zu gewähren. Prüfe vorher jedoch das Herz des Bittstellers und sein Trachten. So es gerecht und gut und im Sinne des Alten vom Berg ist, magst du seinen Wunsch gewähren.
Nimm dafür die zu weihende Waffe in beide Hände und hebe sie gen Alveran. Nimm nun das Gewand deines Gefährten und streiche damit über Klinge, Sehne, Holz. Schlage das Zeichen deines Herrn darüber und stimme dich ganz auf den gefälligen Gebrauch der Waffe ein.

*Herr Firun, segne Pfeil und Bogen, dass die Sehne nicht reiße, die Pfeile ihr Ziel finden und die Jagd nach deinem Willen geschehe.*

*Dir sei diese Waffe heilig, milde Herrin, denn sie bietet Schutz den Schwachen und Unwissenden und nimmt Leben um Leben zu schenken. Lass ihren Träger reinen Herzens dem Dunklen widerstehen, dir und deinem Vater zum Gefallen und eine Hilfe auf Dere.*

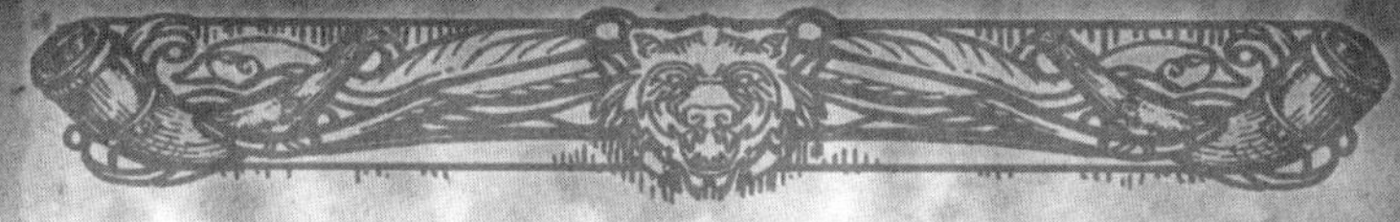

## Prophezeiung

So manches Mal ist es von nicht geringem Nutzen Einsicht in den Weg zu erhalten, den es zu nehmen gilt. Oft sind jedoch die Zeichen nicht eindeutig und so hilft allein ein Fingerzeig des Göttlichen. Willst du den Herren Firun um die Gnade ersuchen, einen klaren Blick auf die Zukunft werfen zu dürfen, so berühre Stirn und Herz des Fragenden, schließe die Augen und bitte den Grimmen Herrn um Einblick in das Geschick.

*Herr Firun, unerbittlich Weiser, lass mich erkennen, auf welchen Wegen dieses Geschöpf noch wandelt. Gewähre deinem Diener einen Blick in zukünftiges Geschehen.*

## Sichere Wanderung im Schnee

Wenn im späten Herbst die ersten kalten Tage beginnen, wenn im Frühjahr bereits die wärmende Sonne Schnee und Eis zum Schmelzen bringt, sind vielerorts die eisigen Flächen dünn und brüchig, der Schnee mehr Matsch und von wenig erbaulicher Natur. Auch im Winter, wenn weiche, leichte Flocken in Mengen gefallen, ist das Fortkommen auf diesen Flächen mehr als beschwerlich, wenn nicht sogar voller Gefahren.

Doch der Herr Firun ist seinen Dienern behilflich, denn er weiß um ihr beschränktes körperliches Vermögen.

Um auch auf dem weichsten Schnee und dem dünnsten Eis nicht zu versinken oder einzubrechen, nimm beide Hand voll Schnee und streiche diesen über deine entblößten Füße, oder die eines Gefährten und zeichne das Symbol des Alten vom Berg in den aufgehäuften Schnee.

*Über Schnee und über Eis führe Firun dich/mich sicheren Geleits.*

*Schwebend, Schwanengleich, soll mein/dein Tritt sein. Über Schnee und Eis wandle wie auf sicherem Fels. Kein Sinken mag meinen/deinen Lauf bremsen, kein Fallen ihn hindern. Gleite auf Ifirns Schwingen dahin.*

## Tiergestalt

Die Gestalt des Weihetiers oder des heiligen Tiers unseres Gottes anzunehmen, ist für viele Geweihte eine weitere Art mit ihrem Herrn in Verbindung zu treten. Doch auch für jene, die diese Gestalt weniger bevorzugen, kann es notwendig sein eine solche aus rein praktischen Gründen anzunehmen. Viele nehmen dabei das Wesen des Tiers an, andere wiederum behalten eher die eigenen Charakterzüge.

Kein Ritual jedoch ist so intensiv wie dieses. Mit keiner anderen Liturgie erfährt man so direkt und am eigenen Leib die Kraft des Gottes.

In manch einem mag bereits der Wunsch entstanden sein, in dieser Gestalt zu bleiben, doch nur wenigen ist dies gewährt worden.

Entkleide dich bis auf das Gewand des Gefährten und wende dich gen Firun. Vollführe eine dem Tier typische Geste und bitte den Herrn um seine Gabe.

*In meinem Kleid will ich nicht länger weilen, leihe mir das deine für den Augenblick, auf dass sich deine Gaben mit den meinen einen.*

*Gefährte, Bruder, um dein Geschick, und deine Stärke bitt' ich dich, lass mich, was dein ist, mir zu Eigen machen. So will ich mich wandeln, dein Pelz/Kleid sei mein.*

## Trophäe erhalten

Wenn auch der Name dieser Liturgie ein wenig irreführend ist, so ist mit Trophäe nicht jener Teil der Beute gemeint, den sich ein Adelsmann gerne an die Wand hängt. Im Gegenteil, denn für einen Firuni ist nur der verwertbare Teil wichtig und erhaltenswert. So du also ein Tier erlegt und nicht gleich vollständig verwerten kannst, so ist es dem Herrn recht und billig auch den Rest zu erhalten. Möge also das gegebene Leben mit Hilfe Firuns zum besten Nutzen sein. Nimm das noch warme Herz deiner Beute in beide Hände und beschreibe einen schützenden Kreis darum. Beginne und ende damit im Norden und wende dich an Firun, deinen Herrn.

*Nichts verdirbt im ewigen Eis. So mag auch diese Beute bewahrt werden.*

*Milde Herrin, gewähre uns die Gnade, deines Vaters kalten Atem auf diesem Tier zu halten. Verderben mag es nicht. Das genommene Leben sei nicht umsonst gegeben. So zögere hinaus des Verderbens Lauf und schütze das, was uns zur Beute ward ganz und gar. Ifirn sei Dank.*

## Visionssuche

In deinem Inneren die kühle, reine Stille zu finden, ist Voraussetzung, um die Reise anzutreten. Hilfreich sind Askese und Einsamkeit als Begleiter zum Beginn. Der Weiße Jäger ist nicht leicht zu bewegen, jenes preis zu geben, was auf den von Fatas gewebten schneeweißen Seiten im Schicksalsbuch geschrieben steht. Entsage deinem derischen Gefängnis und lasse deinen Geist mit dem Rudel ziehen, nur so wird die Stille laut genug zu dir sprechen. Folge der Beute und ahne ihren nächsten Sprung voraus, so führt die Jagd zum Ziel. Doch bedenke, der Blattschuss ist ein selten Gut und hängt von Jenem ab, das unberechenbar.

Finde die Einkehr und verlasse dich auf die Führung deines Gefährten. Je stärker dein Band zu ihm, je näher eure Seelen zueinander, desto klarer wird deine Vision sein.

## Weisung des Himmels

Hast du den Weg verloren, die Orientierung und läufst du in die Irre, so ist dies kein Grund zur Besorgnis. Der Herr Firun zeigt dir den Weg und weist dir die Richtung, so du ihm gefällst. Um Norden zu erkennen, benötigst du etwas Erde, wenn möglich jedoch Schnee oder sogar Eis. Schließe die Augen und führe die Hand mit Schnee gegen die Stirn. Firun erhöre dich.

*Firun, führe mich.*

*Herrin Ifirn, mein Weg scheint verloren, doch du, die du den Nordstern hütest, lass mich sein Licht erkennen und hilf mir fort von diesem trüben Ort.*

## Winterschlaf

Verletzungen und Krankheit bedeuten in den Weiten von Firuns Reich oftmals den Tod. Besteht jedoch für das Leben noch eine Chance, so opfere es nicht unnötig. Weder Atem, noch Nahrung wird der Schutzbefohlene mehr benötigen, keine natürliche Kälte kann ihm die Wärme nehmen, kein Gift sein Leben nehmen, so er den Schlaf des Winters hält.
Schließe die Augen des zu Schützenden und streiche sanft darüber. Im wiegenden Rhythmus deiner murmelnden Stimme mag er für eine festgelegte Weile in Schlaf fallen und ruhen.

*Grimmiger Herr, dieser Bär ist müde und vom Kampf geschwächt. Gönn Ruhe ihm und erholsamen Schlaf, auf dass er dir mit neuer Kraft diene.*

*Ruhe sanft, bis dass des Frühlings Strahl, der Firunstochter milder Kuss, dich weckt und deine Glieder wärmt.*

### Zuflucht finden

Für jeden Geweihten kommt einmal der Punkt, da auch er nach Schlaf und Ruhe verlangt. Doch Schnee und Eis, Sturm und Hagel sind nicht immer gnädig. Mag es sein, dass du für dich selbst, oder aber für deine Gefährten eine Lagerstätte brauchst, die euch Schutz gewährt vor den Gewalten. So rufe den Herrn an und bitte ihn, dir den Weg zu weisen, auf dass ihr die nächstgelegene Zuflucht findet. Bestreiche hierzu Augen und Schläfen mit Schnee, Eis oder Wasser und sprich die Worte.

*Firun, Herr, vergib, denn meine Kräfte schwinden. Lass Einkehr mich finden, auf dass gestärkt ich in den neuen Morgen schaue.*

*Sei gütig Herrin und erweise mir den Dienst deiner Führung. Zuflucht suche ich, den Gewalten zu entfliehen, die mich beuteln. Lass mich zu Ruhe und Erholung finden, Herrin hilf.*

## Firuns Grimm

### Firuns Einsicht

Mit dieser Liturgie ist ein Geweihter in der Lage, *Firuns Ring* zu sich zu rufen, um mit seiner Hilfe das nächste von ihm bestimmte Lebewesen aufzuspüren.
Während der Ring verschwunden war, funktionierte diese Liturgie jedoch nicht. Es ist ebenfalls anzunehmen, dass der Ring, sollte er gerade von einem anderen Geweihten gerufen worden sein, ebenfalls bei seinem derzeitigen Träger verbleibt.

Um den Ring zu rufen, sprich dein Gebet in der Stille und konzentriere dich auf die Aufgabe, die vor dir liegt, dann wird der Ring des Alten vom Berge, des Weißen Jägers, zu dir finden.

## Firuns Zorn / Eiskerker

Reiße deine Hände in den Himmel und bitte den Alten vom Berge mit deinen eigenen Worten, dass er seinen Grimm in dein Herz lege. Und wenn der kalte Zorn dich erfasst hat, dann deute auf dein Ziel, das von einem Reifpanzer überzogen wird, der seine Bewegungen lähmt. Ist der Zorn so groß, dass er dein Herz mit Klirrfrost erfüllt, dann mag der Panzer dicker und kälter werden, einen Gegner ganz einfrieren.

## Mikailspfeil

Ziehe dich in die Einsamkeit zurück und rufe den Heiligen Mikail um Beistand an. Die Worte, die du gen Alveran schickst, müssen deine eigenen sein und auch die Handreichung, die du vollziehst. Einzig gleich bei allen Dienern des Alten vom Berge ist ein Kreis, einen Halbschritt im Durchmesser, den du aus Gaben fertigst, die dem Alten vom Berge milde stimmen. Haben deine Worte Mikail und Firun erreicht und überzeugt, wird ein altersdunkler Pfeil aus Föhrenholz mit Adlerfedern dir gegeben, der besonders zielgenau ist – und vor allem die daimonischen Kreaturen des Gegenspielers zu vernichten im Stande ist.

## Schneesturm / Eissturm

Firuns Atem ist tödlich und kommt auf samtenen Tatzen und eisigen Schwingen über die Verfolger. Besinne dich auf den kalten Zorn deines Gottes, spüre die Gefahr. Bestimme einen Ort in Sichtweite für ihr Wirken und recke die Arme gen Alveran. Rufe das *Eisige Gespann* zu Hilfe und es wird kommen.

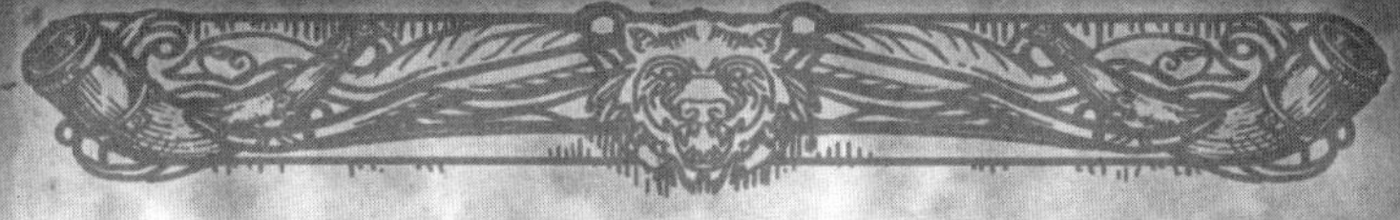

*Tosen, Wirbeln, eisig Frösteln, komm Läja, komm Iyi, vernichtet meiner Feinde frevelnd Sein, verschlinget alles dessen Herz nicht rein, komm, Eisiges Gespann, bring Schnee und Eis auf deinem Weg des kalten Zorns und raff hinfort der Frevler fratzenhaftes Antlitz.*

### Seelengefährte / Seelenrudel

Dein Weihetier ist dir stets ein treuer Gefährte. Ziehe dich mit deiner Weihegabe in die Einsamkeit zurück, erbringe ein Opfer und bitte den Alten vom Berge mit eigenen Worten um den Beistand deines Weihtieres. Erhört der Weiße Jäger dich, dann wird er dir aus seiner Wilden Jagd den passenden Gefährten schicken. In höchster Not sogar ein ganzes Rudel, das dich tatkräftig unterstützt.

## Ifirns Milde

### Gemeinschaft der treuen Gefährten

Einen getreuen Begleiter zur Seite zu haben, ist für viele Geweihte eine Selbstverständlichkeit. Um das Band der Treue und das Verständnis für einander zu vertiefen, vermögen es die Geweihten der Ifirn eine Verbindung herzustellen, die von Zuneigung und Wärme durchdrungen ist.
Verstärkt wird diese Verbindung zusätzlich durch den göttlichen Funken, der beide Seiten zu einer Einheit verschmelzen lässt. Wird dieses Band gewaltsam getrennt, so wird sowohl seelisch wie körperlich ein schmerzhafter Verlust empfunden.
Eine Woche lang verbringen die Gefährten jeden Augenblick miteinander, teilen Mahlzeit und Lagerstätte, Wachen und Schlafen. Am Ende der Woche spricht die Geweihte eine Segnung über die Verbindung.

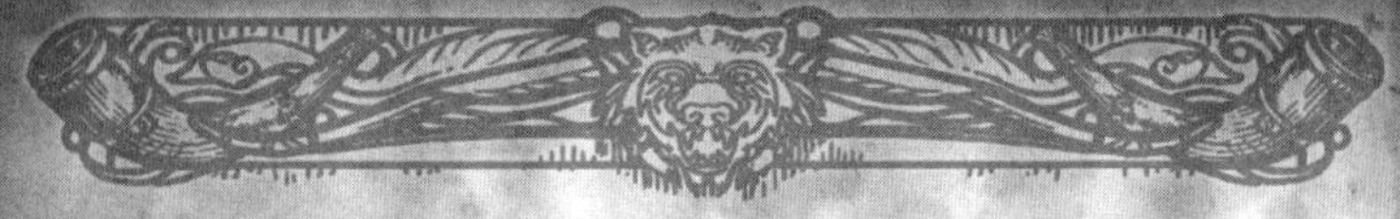

*Hunger und Durst, Schmerz und Freud teilen wir bei Tag und Nacht, bei Sonne und Schnee. Seite an Seite der Weg uns führt, von Ifirns sanftem Blick berührt.*

## Birkenzweig

Lasse Ifirns Gnade in dein Herz und lobe die Milde mit eigenen Worten. Dein Antrieb wird entscheiden, ob die Schwanengleiche dir oder einem Gefährten die Schnelligkeit gewährt, euch aus Bedrohungen zu retten.

## Geteiltes Leid

So wie Mutter Travia der Milden Herrin einst ein Daunenkleid aus ihren wärmsten Federn spendete, so teilt sie auch heute noch diese Gabe mit ihren frierenden Kindern. So ist es den Geweihten der Ifirn vergönnt, den Mantel der Heiligen Mascha herbeizurufen, einer Heiligen Mutter Travias. Mit jenem Mantel, der sich in zwei Hälften von der Größe des gesamten Mantels teilen lässt, kann sie eine Frierende schützen und vor eisiger Kälte, aber auch Wind und Regen bewahren.

*Gütige Mutter Travia, die du meiner Herrin ein Daunenkleid geschenkt, erweise dieser Frierenden deinen Dienst. Ich bitte deine Heilige um Beistand in Ifirns Namen und rufe den Mantel der Mascha zu mir. Ifirn und Travia sei Dank.*

## Hilfe in der Not

Liegt die Vermutung nahe, dass ein Freund in Not geraten ist, so kann die Priesterin versuchen ihn mit Ifirns Hilfe wiederzufinden. Binde dazu einen persönlichen Gegenstand des Vermissten an einen Stab und bitte die Milde Göttin um ihren Beistand.

Die Vermutung wird dann zur Gewissheit, wenn auf der Suche nach der vermissten Person der Stab eine Richtung anzeigt.

*Herrin, eine unschuldige Seele wird vermisst und ist vielleicht in Not geraten. Du, die du weit über das Land blickst, weise uns den Weg, auf dass sie aus ihrer Not befreit werde.*

## Lidaris Herz / Eisherz

Rufe Ifirn an und besinne dich auf Lidaris Eigenschaften. Reibe deine Hände aneinander und anschließend über deine Brust oder die eines Gefährten, so als wolltest du Wärme spenden. Die fein aufstäubende und rauhglitzernde Reifschicht, die sich bald auf allen Kleidungsteilen niederlässt, wird dich effektiv vor Angriffen schützen.

## Runjensweisung

Versenke dich in das Wesen Ifirns und ruft die Macht der Runjas an. Versieh' dich mit einem Zeichen, einer Schnittwunde, einem Farbstrich im Gesicht, einem Fell auf der Schulter oder einem Blumengesteck im Haar, dass deine Gefährten kennen. Sie werden nun in der Lage sein, deiner Fährte zu folgen und sicher zu dir zu gelangen, egal wie widrig die Umstände sind.

## Tierempathie / Tiersprache

Tiere sehen und verstehen mehr als wir Menschen, wenn es um die einfachsten Gefühle geht. Wo uns der Blick meist verstellt ist, blicken sie vollkommen klar. Um diese klare Sicht zu teilen, aber auch, um uns einem Tier gefahrlos nähern zu können, sollte es sich zum Beispiel in einer Falle befinden, hat uns die milde Herrin eine Handreichung gegeben, uns mit dem Tier zu verbinden, seine Gefühle und Gedanken zu erforschen und ihm die unseren zu vermitteln.

Um jedoch die Tiersprache zu meistern, bedarf es mehr Geschick und viel Übung.

Blicke das Tier unverwandt an und sprich mit sanfter Zunge beruhigend auf es ein. Nähere dich nun langsam aber stetig und bitte es im Stillen deinen Blick zu erwidern.

*Bruder, dessen Geist so anders ist dem meinen, lass mich verstehen, sehen, was dich im Innersten bewegt. Die milde Herrin schenkt dir Dank.*

*Bruder, deine Sprache sei die meine, meine Worte sollst du erkennen, wie ich die deinen. Dein Laut sei mein Laut. Zunge zu Zunge, Ohr zu Ohr. Erkennen heißt Verstehen.*

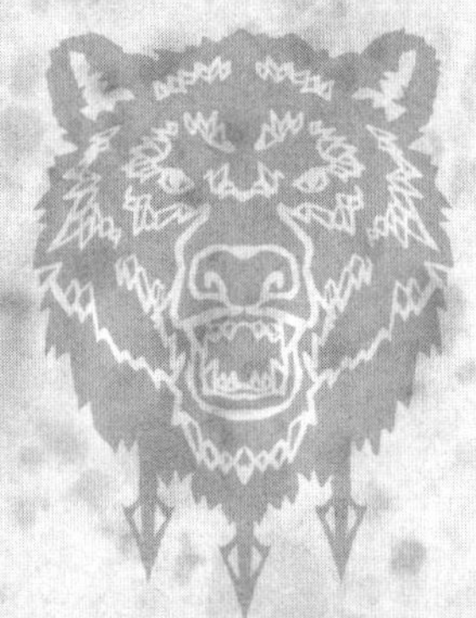

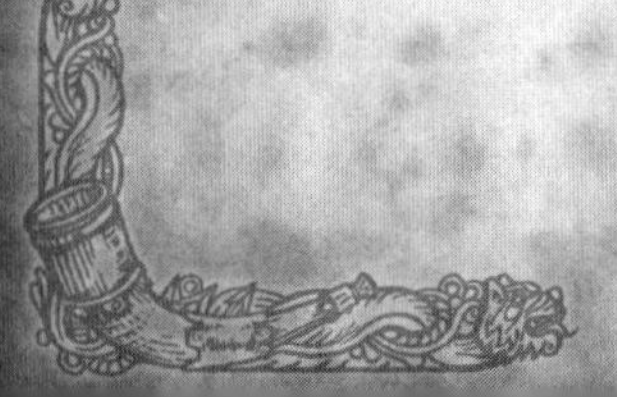



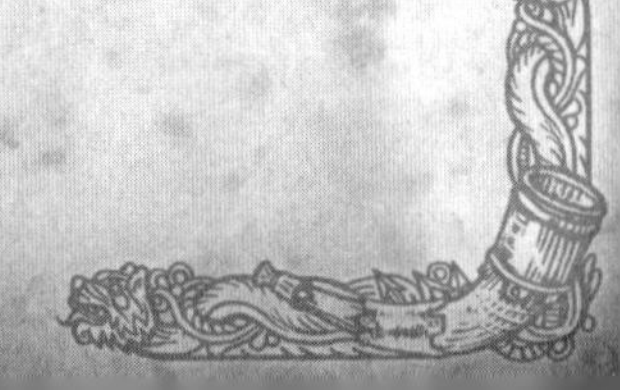

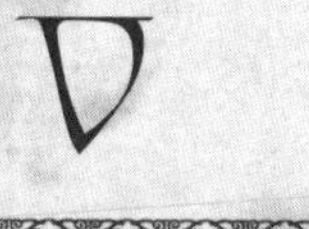

# Siehe und lerne! – Gebräuche und Grundregeln

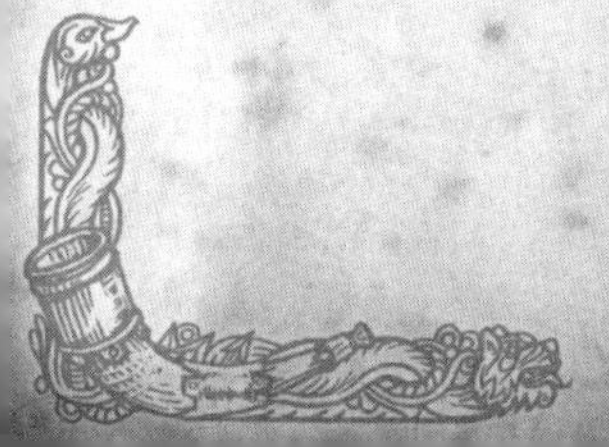

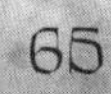

## Firuns Freiheit und Ifirns Ideal – Annahme, Prüfung und Lehre

*Ich war ein junger Bursche von nicht mehr als zwölf Götterläufen, als eine Geweihte des Weißen Jägers zu uns ins Dorf kam, um ihre Vorräte aufzufrischen und ihren Schlittenhunden ein wenig Rast von den Strapazen der letzten großen Reise zu gönnen. Sie war eine wortkarge Frau im mittleren Alter, mit wettergegerbter Haut und einem eisigen Blick, der bis in die tiefsten Tiefen der Seele vorzudringen schien.*

*Meine Eltern gaben ihr Obdach und Nahrung, doch so sehr ich selbst von ihr fasziniert war, so zurückhaltend waren meine Eltern. Heute weiß ich, dass es eine besondere Art der Ehrfurcht ist, die den Geweihten des Grimmen entgegengebracht wird, besonders in den nördlichen Gebieten, denn sie dienen dem Herrn über Schnee und Eis, dem Winter selbst, dem Herrn der Wilden Jagd, jenem unerbittlichen Jäger ohne Erbarmen, der schon den Kindern als grausamer Gott bekannt ist und der in seiner Kälte und Gnadenlosigkeit jeden Winter nicht wenige Seelen zu Boron schickt.*

*Und genau diese so verbreitete Furcht ist es, welche nicht sein sollte. Nicht selten wird sogar dem Herren Boron, dem Herrn über den Tod an sich, mit weniger Furcht begegnet als dem Grimmen Herrn über Frost und Eis. Dies mag darin begründet liegen, dass Kälte nicht nur den Tod bedeutet, sondern auch Leid verursacht und Firun durch diesen seinen Aspekt, eher noch als sein schweigsamer Bruder, als grausam gilt.*

*Da ich jedoch schon vor einigen Monden die zwölf Götterläufe erreicht hatte und sich Geweihte nicht oft in unser kleines Dorf verirrten, baten meine Eltern die Firuni darum, mich in die Gemeinschaft der Zwölf aufzunehmen, auf dass ich ein Mitglied der Zwölfgöttlichen Kirche würde und meine Seele nach meinem Tode in eines der Zwölfgöttlichen Paradiese einkehren könne.*

*Bevor die Geweihte jedoch einwilligte, winkte sie mich zu sich herüber, schloss ihre sehnigen Finger mit stahlhartem Griff um mein Kinn und sah mir prüfend in die Augen.*

*Es muss wohl nur Sekunden gedauert haben, bis sie mich entließ und kurz nickte. Mir selbst kam es jedoch vor wie Stunden, in denen sich ihre grauen Augen immer tiefer in meine Seele bohrten, und mein Kiefer schmerzte, als hätte mir jemand einen derben Schlag versetzt.*

*Mein Aufnahmeritus sollte drei Tage später stattfinden und ich nutzte die Zeit, indem ich der Geweihten auf Schritt und Tritt folgte. Ich beobachtete wie zärtlich und liebevoll sie mit ihren Hunden umging, wie sie ihnen leise gemurmelte Worte ins Ohr raunte, sah zu wie sie die Sehne ihres Bogens jeden Tag auf ihre Festigkeit überprüfte, half ihr die Kufen ihres Schlittens zu reinigen und zu fetten und durfte sie sogar einmal auf die Jagd begleiten. Ja, ich interessierte mich sogar für die Ausbesserungsarbeiten, die sie an ihrer Kleidung vornahm.*

*So vergingen die Tage und meine Achtung und Faszination wuchs beinahe stündlich, bis ich es nicht mehr abwarten konnte die Initiationsriten von ihr zu erfahren.*

*Doch was ich mir in meiner Vorstellung so groß und wunderbar ausgemalt hatte, war verhältnismäßig unspektakulär. Der Hirschbock, den sie auf der Jagd geschossen, wurde von ihr während einer Andacht auf dem Dorfplatz ausgeweidet. Herz und Leber waren Opfergaben für den Grimmen. Mit dem aufgefangenen Blut bestrich sie meine Stirn, murmelte ein paar mir unverständliche Worte und trat dann von mir zurück. Der Anflug eines Lächelns huschte über ihr Gesicht, dann fegte ein eisiger Windhauch über den Platz und ließ die Anwesenden sich fester in ihre Gewänder hüllen. Was auch immer ich nun erwartete, ein Prickeln der Glieder oder eine Vision, ein besonderes Zeichen, oder sonst etwas Ungewöhnliches und besonders Göttliches, es geschah nichts davon.*

*Der Bock wurde über einem Feuer gebraten und das Fest begann. Die Geweihte jedoch hielt sich abseits und ich bekam sie nur wenige Male an diesem Abend zu Gesicht.*

*Am nächsten Morgen war sie bereits verschwunden als ich erwachte. Enttäuscht und niedergeschlagen blieb ich eine Weile in dem Stall sitzen, den sie sich als Quartier auserkoren hatte und grübelte vor mich hin, dann traf ich eine Entscheidung.*

*Meine Mutter war gerade dabei, die Reste der Feierlichkeiten zu beseitigen und auszufegen, als ich vor sie hin trat und ihr mit fester Stimme mitteilte, ich wolle Geweihter des Weißen Jägers werden und würde mich auf die Suche nach der Firuni machen.*

*Meine Mutter wurde zunächst kreidebleich und dann puterrot, doch ich wartete nicht ab bis sie genug Luft geschnappt hatte um mit ihrem Gezeter loszulegen, sondern schnappte mir ein paar Stücke übrig gebliebenen Braten und Brot vom Tisch und war schon wieder zur Tür hinaus. Allerdings, ich kam nicht weit, denn die Geweihte erwartete mich bereits am Rande des Dorfs. Gemütlich an eine Häuserwand gelehnt, schliff sie gerade ihren Dolch, als ich um die Ecke gerannt kam und beinahe über ihren Schlitten stolperte.*

*Diesmal lächelte sie ganz offen und das erste Mal vernahm ich ihre warme, rauchige Stimme deutlich und klar, als sie mich ansprach.*

*„Wohin so eilig, junger Freund?“ sie hob den Blick nicht von ihrem Dolch und fuhr weiter fort ihn zu schleifen. Als ich vor lauter Schreck nicht antwortete, sondern nur mit offenem Mund dastand, blickte sie endlich auf, und sah mich lange forschend an, während ihr Blick immer ernster wurde.*

*„Um dem Grimmen zu dienen, braucht es mehr als vorübergehende Begeisterung, mein Junge. Erforsche zunächst dein Herz und deinen Geist.“ Bei diesen Worten tippte sie mir auf Brust und Stirn. „Erst wenn du bereit bist dein ganzes Streben und Sein in Seinen Dienst zu stellen, erst dann wirst du den Ruf vernehmen.“*

*Einen Moment lang blickte sie mich noch einmal durchdringend an und in diesem Augenblick durchfuhr mich eine eisige und dennoch angenehme Kälte und mein Geist wurde vollkommen klar. Dann drehte sie sich um, stieg auf ihren Schlitten, blickte noch einmal über die Schulter und zwinkerte mir zu. „Und dann komme ich wieder und hole dich."*

*Es musste wohl schon eine Weile vergangen sein, in der ich wie angewurzelt an einem Fleck gestanden und der Geweihten nachgeblickt hatte, die langsam immer kleiner geworden war, bis sie meinen Blicken gänzlich entschwand. Wie aus einer Trance erwachend wurde mir meine Umgebung wieder bewusst und mein Blick fiel auf einen glänzenden Gegenstand, der neben mir auf einem Holzstapel an der Hauswand lehnte. Auch heute noch ist dieser Dolch mein ständiger und treuer Begleiter, erinnert er mich doch immer daran woran ich glaube und wonach ich strebe, denn er trägt das Feuer und die Leidenschaft einer Erinnerung in sich, die mich zu dem gemacht hat was ich heute bin, einem Geweihten des Firun. Denn auch wenn es drei weitere Götterläufe brauchte, bis ich mich selbst erkannte und den Ruf vernahm, so hatte die Geweihte doch bereits den göttlichen Funken in mir entdeckt. Und tatsächlich kam sie an jenem Tag zurück, als ich bereit war mein Leben in den Dienst des Grimmen zu stellen, denn es war und ist Firuns Wille und seine Hand, die uns leitet.*

*—Taron Firnläufer, Geweihter des Firun, über seine Annahme, 1006 BF*

## Lebt in und mit der Wildnis!

Doch warum zieht es den Firuni und auch die Geweihten der Ifirn immer wieder hinaus in die Felder, Wiesen und Wälder, die schneebedeckten Weiten, auf Wanderschaft zwischen Berg und Tal, den Unbilden der Natur trotzend, die Herausforderung genießend? Wieso schlagen wir unsere Zelte immer wieder an ande-

ren Orten auf? Warum verlassen wir unser angestammtes Revier, um auf unbekannten Pfaden zu wandeln und ziehen, rastlos gar, durch das Land auf der Suche nach Beute?
Die Antwort darauf ist ganz einfach: Es ist unsere Natur. Wäre es anders, wir wären keine Geweihten des grimmen Gottes. Denn obwohl das Eis stets verharrt, so liegt uns doch auch die Jagd im Blut, jene Jagd für die der Wintergott uns auserkoren, zunächst auf Dere und später in den Ewigen Jagdgründen, Firuns Paradies. Wir sind sein Gefolge, seine Jagdgesellschaft, sein Rudel. Denn nicht nur Bär ist er, nein, auch höchster Wolf und Rudelführer. Einzelgänger sind wir, jeder für sich und doch eine verschworene Gemeinschaft. Wenn Firun sein Horn bläst, ruft er uns zur letzten Jagd, wie der Wolf ruft die Seinen zusammen unter dem bleichen Mond der Himmelsfrevlerin. Festgefügte Mauern sind uns ein Gräuel, so wie der Gott gerne den Blick schweifen lässt über die endlosen Ebenen aus Eis und Schnee.
So wie er uns erwählt, unter freiem Himmel, in der Natur, so dienen wir und können gar nicht anders. Doch wie ihr Herr werden? Lies, erfahre, lerne.

## Das Waidhandwerk

In diesem Teil meines Werkes will ich vor allem das Kapitel der Natur, des Wildes und seiner Jagd in seinen Grundbegriffen weitergeben. Wichtige Aspekte, die es auch weniger Erfahrenen ermöglichen sollen die Grundlagen für das Überleben in freier Wildbahn zu erwerben.
Um einer Notlage so gut wie möglich vorzubeugen, ist es in erster Linie wichtig, auf seine Umgebung zu achten und sich orientieren zu können.
Zum einen können wir uns bei freier Sicht am Himmel orientieren. Am Stand der Praiosscheibe ebenso wie an der Anordnung

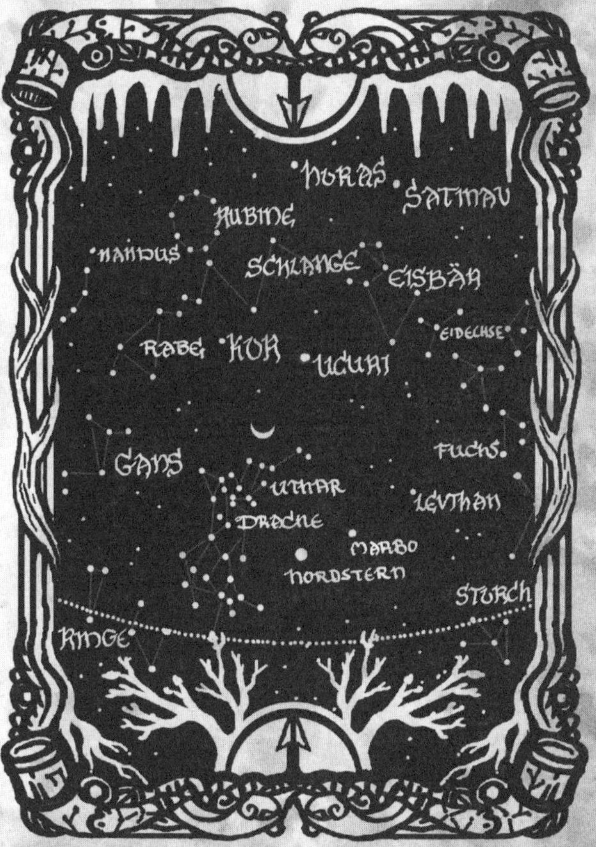
HORAS
SATINAV
RUBINE
NANDUS
SCHLANGE
EISBÄR
EIDECHSE
RABE
KOR
UCURI
GANS
FUCHS
UTHAR
LEVTHAN
DRACHE
MARBO
NORDSTERN
STURCH
RINGE

der Sterne an Phexens Zelt, denn nicht jeder führt eine Taschenversion eines Südweisers oder gar Kusliker Kompasses mit sich.

Ist keine freie Sicht auf den Himmel möglich, können also weder Sterne noch die Praiosscheibe als Orientierung genutzt werden, so gibt es andere, allerdings häufig nicht ganz so zuverlässige Methoden, eine grobe Orientierung über die Himmelsrichtungen zu gewährleisten. Hierbei ist es von Vorteil, wenn man gelernt hat auf seine Umgebung zu achten und die Zeichen der Natur richtig zu deuten. Sinnvoll ist es dabei ebenfalls, möglichst viele Anhaltspunkte zu sammeln, da es immer Ausnahmen zu der Regel gibt und die meisten Zeichen nicht eindeutig auftreten.

So ist es zum Beispiel häufig so, dass das Moos an Baumstämmen an der Nordseite wächst, während Ameisen ihre Hügel immer an der Südseite eines Baumes platzieren. Auch ist die Vegetation an der Südseite stärker vertreten. Die Äste eines Baumes wachsen auf der Nordseite spärlicher. Schnee taut an der Südseite eines Hanges oder Felsens schneller.

Sollte man jedoch an einen Fluss oder Bach gelangen, so ist es immer sinnvoll diesem zu folgen, da sich Siedlungen meist in der Nähe eines solchen Wasserlaufs befinden. Findet man Zeichen eines Wildwechsels, so ist es ebenfalls sinnvoll diesem zu folgen, denn jedes Tier muss im Laufe des Tages Nahrung und Wasser zu sich nehmen, und so führen Wechsel oft an kleine Bachläufe oder flache Uferböschungen eines Flusses.

Ist man dennoch in eine Lage geraten, in der es notwendig wird, für das eigene Wohl oder das anderer zu sorgen, so dient das Wild in der Not zum Erhalt des Lebens in mehr als einer Hinsicht.

Um als Jäger erfolgreich zu sein, bedarf es nicht nur des Geschicks mit einer Jagdwaffe, sei es Pfeil und Bogen, Speer, oder Jagdmesser. Jagdglück ist vor allem dem hold, der Wissen um die Gepflogenheiten der erstrebten Beute besitzt.

In erster Linie sollte man sich im Klaren darüber sein, dass jedes Tier, ob geflügelt oder kriechend, ob auf zwei, vier oder zwölf Beinen, in seinem eigenen Revier lebt, dessen Grenzen es nicht überschreitet, so lange es nicht dazu gezwungen ist.

Um anderen seiner Art diese Grenzen aufzuzeigen, setzt es die ihm eigenen Mittel ein, um sein Reich zu markieren. Diese Markierungen sind häufig Duftmarkierungen unterschiedlicher Art. Kot, Urin, aber auch das Reiben an Büschen und Bäumen kann zu diesen gehören.

Auf solche Spuren zu treffen, bedeutet immer, sich im Bereich eines Reviers der erstrebten Beute zu befinden.

## Die Jagd

Man möchte glauben, dass ein Wegbegleiter, der einem Gott gewidmet ist, den wir auch den *Weißen Jäger* nennen, vor allen Dingen das Thema der Jagd beinhaltet. Und wenn man genau hinsieht, so ist es tatsächlich so, dass in jedem Kapitel, jedem Abschnitt, die Jagd eine mehr oder minder große Rolle spielt.

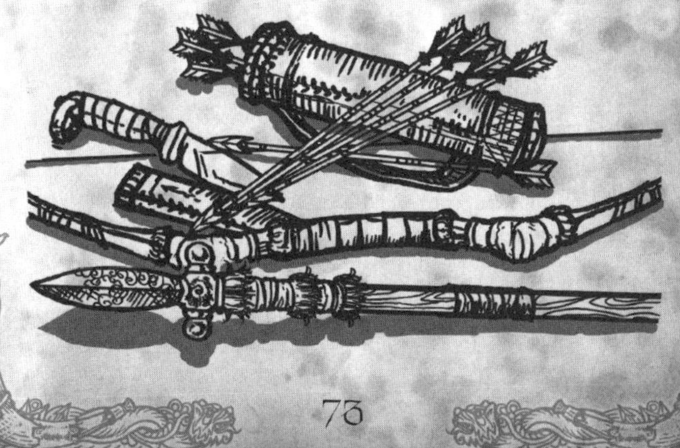

Wer bereits einmal auf der Jagd war, den Trieb gespürt hat, das Rauschen des Blutes in den Ohren hatte, den Übergang von Leben zu Tod verursacht hat, wer jenen bittersüßen Geschmack der Überlegenheit gekostet, für den hoffe ich, dass es keine Lust ist, die ihn treibt das Wild zu erlegen, sondern dass er Trauer empfinden mag für das genommene Leben und Dankbarkeit zeigt für das, was ihm geschenkt.

Respekt ist das, was uns vor allen anderen Dingen gegenwärtig sein muss. Respekt vor der Natur, dem Leben und dem, was sie uns schenkt. Wer nur nimmt ohne Not zu haben und glaubt das Recht des Stärkeren auf seiner Seite, der frevelt an Firun, denn er wildert in seinem Revier.

Es gibt eine Weisheit, die mir mein Meister immer wieder vorhielt, welchen Ursprungs sie ist, kann ich jedoch nicht sagen. Sie lautet: *Jage, um zu jagen; töte, um zu leben*.

Bei der Jagd führt jeder vorausgegangene Schritt zum nächsten und dieser wiederum zum übernächsten, und so weiter und so fort. Jede getroffene Entscheidung kann Erfolg oder Misserfolg nach sich ziehen. Natürlich, das Ende dieser Jagd ist dann gekommen, wenn die Beute erlegt ist und der Jäger siegreich war. Manches Mal ist er das aber auch nicht. Ist dann die Jagd verloren? Gewiss nicht.

Doch wie beginnt man eine Jagd? Im Grunde beginnt sie schon weit vorher, bei jeder Waffenpflege. Ein schlechtes Werkzeug nützt dem besten Jäger nichts. Es gilt also, Bogen, Jagdspeer und Dolch, und jede andere der eigenen Jagdwaffen, ordentlich zu pflegen.

Für den Wald ist es sinnvoll einen Kurzbogen mit sich zu führen, für Feld und Gebirge ist ein Langbogen nützlicher, da man Platz hat ihn zu führen. Die Entfernungen, auf die man schießen muss, sind hier weitaus größer, da weniger Deckung vorhanden ist. Man muss sich also bereits vorher darüber im Klaren sein, in welchem Gebiet man sein Jagdglück versucht.

Je besser ein Jäger sich in seinem Gebiet auskennt, desto weniger ist es nötig, dass er die Fährte des Jagdwilds sucht, denn überall gibt es besondere Futter- und Wasserstellen, die immer wieder vom Wild aufgesucht werden. Ebenso von Vorteil ist es, wenn man die natürlichen Gewohnheiten der Tiere kennt, denn desto wahrscheinlicher ist es auf leichte Beute zu treffen.
Man sollte also ebenfalls im Vorhinein darüber nachdenken, auf welche Jagd man aus ist.
Einem Keiler möchte ich jedenfalls nicht unbedingt ohne Jagdspeer, an einem Futterplatz, in der Brunftzeit und auf offenem Gelände begegnen, wenn auch die Bachen mit Nachwuchs noch um einiges gefährlicher werden können.
Es gibt verschiedene Arten zu jagen, und hierbei schließe ich von vorneherein die Jagd mit Schlingen, Gruben und sonstigen Fallen aus, insbesondere den eisernen Krallen, die unter den Wilderern, Bären- und Wolfsjägern leider immer öfter Verwendung finden.
Die wahrhaft firunische ist hierbei noch immer die Jagd ohne besondere Hilfsmittel, nur Mensch gegen Tier, in Form der Pirsch. Vorsichtig schleicht der Jäger durch die Wildnis, sucht vielversprechende Spuren und pirscht sich an die Beute ran, achtet dabei darauf, dass der Wind seine Witterung nicht in Richtung Wild trägt und gewinnt so viel Raum wie nötig, um seinen Schuss zu setzten, seinen Speer zu werfen oder seine Dolchattacke zu starten.
Verschiedene Arten von Dolch, Bogen und Speer sind hier die am häufigsten gewählten Waffen, um ein Tier zu erlegen. Äxte und Schwerter sind hierbei wenig dienlich.
Beim Ansitz wartet der Jäger zum Beispiel an einer Futter- oder Wasserstelle, die häufig vom Wild aufgesucht wird und erlegt das Wild meist von einer erhöhten Position heraus.
Kleines Wild, wie Hasen, Kaninchen, Rebhühner und anderes Federvieh jagt man am besten mit einem treuen Hund oder einem

Falken an der Seite. Hierbei übernimmt der Gefährte häufig die Position des Jägers, indem er dem meist flüchtenden Tier nachsetzt und es tötet und/oder es apportiert.
Anders geht es jedoch bei der in Adelskreisen in Mode gekommenen Treib- oder Hetzjagd zu.
Hierbei wird das Tier meist von einer ganzen Schar Treiber, die den Forst durchkämmen, aus seinen Verstecken gescheucht und von einer Hundemeute entweder zu Tode gehetzt, oder in Richtung der Jäger getrieben, die es dann bequem abschießen können. Diese Art der Jagd dient vielerorts jedoch einzig und allein dem Zeitvertreib und der Belustigung und hat nichts mehr mit der ehemals vorgenommenen Drückjagd gemein, bei dem das Wild zwar ebenso von Treibern, jedoch auf ruhige Art in eine bestimmte Richtung gedrängt wird. Hierbei zieht das Wild jedoch nicht in Panik, sondern auf seinen natürlichen Wildwechseln durch das Revier. Die Jäger haben Zeit das Wild zu beobachten und zu beurteilen, welches geschossen werden soll und welches nicht. Hierbei steht die Auslese und die angemessene Verpflegung im Vordergrund und nicht die Jagdtrophäe.
Ich für meinen Teil bin der Ansicht, das Treib- und Hetzjagd einzig und allein Firun und seiner Wilden Jagd vorbehalten sein sollten, denn eine solche Jagd lässt die Beute erzittern und Todesängste ausstehen. Kein unschuldiges Lebewesen hat dies verdient. Wer bereits einmal als Beute für eine solche Jagd auserkoren war und seinen Häschern entfliehen musste, der weiß wovon ich spreche.
All die Überlegungen zur Vorbereitung und Art der Jagd sind natürlich nichtig, sollte man sich in unbekanntem Terrain und in einer Notlage befinden. In einem solchen Fall ist man zum einen auf sein Glück angewiesen, und auf seine Fähigkeiten im Spuren lesen. Auch eine Drückjagd kommt in einem solchen Fall durchaus in Frage, so man genügend Mitstreiter hat eine solche

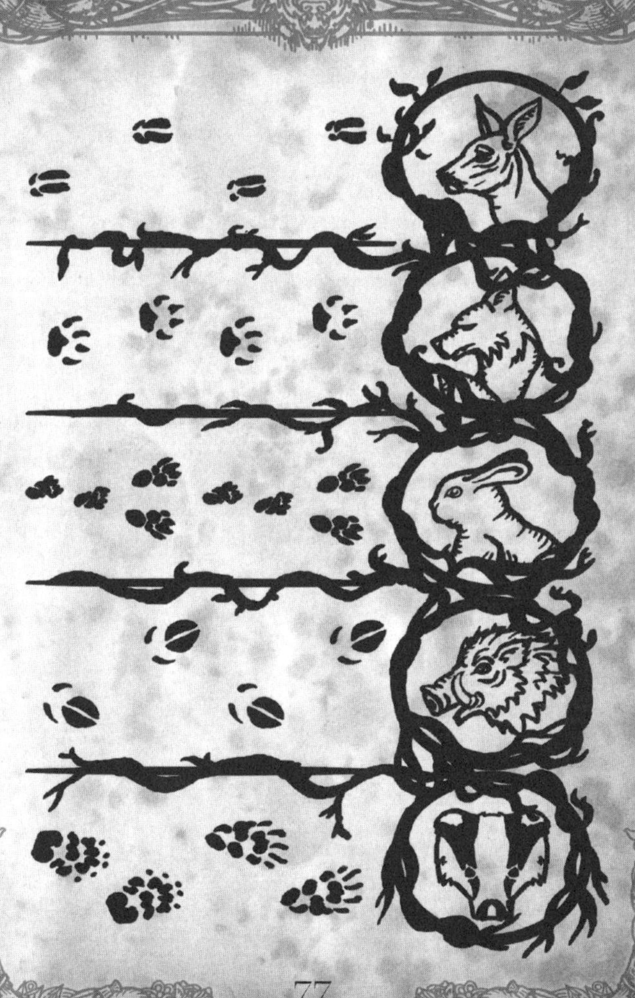

durchzuführen. Denn das Netz der Treiber, das sich um die Beute schließt, sollte keine Lücken haben.

Doch auch die höfische Jagd, wie sie beispielsweise im Lieblichen Feld betrieben wird, hat firunische Aspekte und wird nicht selten von einem Geweihten des Weißen Jägers geleitet. Wichtig ist hierbei vor allem, dass die erbeuteten Tiere nicht ausschließlich als Trophäen an den Wänden enden, sondern Fleisch, Fell und andere verwertbare Teile genutzt werden. Besonders gefällig ist eine Jagd, wenn die nicht benötigten Tiere an den Tempel gehen und damit den Bedürftigen zu Gute kommen.

Ein wenig irreführend, doch nichts desto trotz ebenso gefällig kann es sein, die Sklavenjagd nach firunischen Maßstäben zu gestalten. An sich ist die Sklavenjagd als Hetzjagd auf einen Menschen nicht wirklich gut zu heißen, doch unter dem Gesichtspunkt, dass dem zu Jagenden eine faire Chance geboten wird zu entfliehen und fortan ein Leben in Freiheit zu führen, gewährt sie dem Sklaven die Möglichkeit sich zu beweisen und sich dem Gesetz des Stärkeren zu ergeben.

## Fähigkeit und Inbrunst - Die Weihe

Ein Firungeweihter wird, anders als in andern Kirchen üblich, immer von Firun selbst in den Stand eines Geweihten erhoben. An erster Stelle jedoch steht die Prüfung, das Sich-Beweisen. Ich beobachte, warte, erfahre, damit ich weiß. Dies vor allem anderen ist Bestandteil des Lernens. Einsicht erlangt man nur, wenn man sieht, tut und erfährt was man zu begreifen sucht. Eigenständiges Handeln vor Wortlehre.

So durchläuft ein Geweihter des Grimmen seine Zeit der Ausbildung. Diese übernimmt häufig ein umherziehender Geweihter. Meister und Schüler finden oft an besonderen Orten zueinander, der

Schüler seinem Ruf, der Meister einer Eingebung folgend. So kann man hinterher kaum mehr sagen wer nun wen gefunden hätte.

Ein Firuni lernt vieles durch aufmerksames Beobachten. Die wenigen Worte, die gewechselt werden, sind meist wohl gewählt und von besonderem Gewicht. Zumindest ist es in meiner Lehre so gewesen und ich habe auch von anderen Schülern Ähnliches vernommen.

Viele Nächte und auch Tage werden in stillem Einklang am Feuer verbracht.

Die Lehrzeit selbst ist jedoch nicht, wie bei vielen, an eine bestimmte Anzahl Jahre gebunden. Sie endet dann, wenn Firun den Schüler für würdig erachtet.

Mein Meister sagte mir einst, er habe gewusst, dass die Zeit der Prüfung gekommen sei, als er eines Nachts vor unseren Unterschlupf trat und keine zehn Schritt entfernt zwei Hirsche aus dem Dickicht des Waldes schreiten sah. Der eine mit einem mächtigen Geweih, alt und stolz, der andere jung, noch mit Bast am Ansatz und voller Energie. Der alte Hirsch habe einmal knapp seinen Kopf gesenkt, der Junge sei daraufhin auf das Feld hinausgelaufen, hätte sich noch einmal kurz umgeblickt und sei dann in der Nacht verschwunden.

Die Weihe selbst wage ich kaum zu beschreiben, denn sie bringt einen an den Rand des Todes. Firun prüft dich und Firun kennt weder Gnade noch Erbarmen. Wer in seinen Augen versagt, erlebt den nächsten Morgen nimmermehr.

Um mich auf das, was kommt, so gut wie möglich vorzubereiten, ließ mich mein Lehrmeister drei Tage lang fasten, schweigen und ohne Feuer unter freiem Himmel nächtigen. Am Abend des dritten Tages setzte er sich zu mir, entzündete ein großes Feuer und begann mir von seiner eigenen Berufung und Prüfung zu erzählen. Ich selbst befand mich in einem solch tiefen Zustand innerer Ruhe, dass ich mit geschlossenen Augen lauschte und es mir schien, als würde jedes seiner Worte mit dem flackernden Licht lebendig, das durch meine Lider drang.

*Als es an jenem Tag zu dämmern begann, war der Himmel verhangen von Wolken, die den Winter mit sich führten. Schneegeschwängert zogen sie träge über das Land und warteten darauf ihre Last abzuwerfen. Ich wusste, meine Prüfung sollte noch an diesem Abend beginnen. Und auch wenn mich Geduld und Gelassenheit gelehrt wurde wie kein anderes Gut, so war ich wie die Wolken, voller Ungeduld, dass der lang ersehnte Augenblick der Erlösung endlich kommen möge.*

*Meine Meisterin beobachtete meine Unruhe hingegen mit wachsendem Gleichmut, fast schien es, als gewinne sie das innere Lächeln zurück, welches sie überkam, wenn sie in tiefste Ruhe versank und das ich bereits seit einigen Wochen nicht mehr an ihr wahrgenommen hatte.*

*Als jedoch die Stunde hereinbrach, da das Ritual beginnen sollte, wurde auch mein Geist stiller und wachsamer. Es war wie bei der Jagd. So lange man der Beute nachspürte trieb einen das Fieber an, hatte man sie jedoch vor dem Bogen, so wurde der Atem ruhiger, der Herzschlag langsamer und die Sinne schärfer, bis zum Moment wenn der Pfeil, einem Seufzen gleich, die Sehne verließ. Doch dieses Mal galt es bei einem Fehlen mehr zu verlieren als nur die Beute. Diese Nacht würde meine Seele vor Firun treten und von ihm gewogen. Nur wenn er mich für würdig erachtete, so sollte ich auch am Morgen wieder erwachen.*

*Nun – ich bin hier und erzähle die Geschichte, der Ausgang ist also bereits vorweggenommen. Dennoch will ich die Reise an jenen Ort, an dem ich das erste Mal einen Bruchteil von Firuns Antlitz geschaut, nicht verhehlen. Viele Geweihte erleben niemals mehr in ihrem Leben eine solche Gottesnähe wie in diesem Augenblick. Auch ich war nur noch ein einziges Mal danach meinem Gott und auch dem Tode so nah wie zu jener Stunde.*

An dieser Stelle sei angemerkt, dass mein Meister eine, sogar für eine Wanderin, sehr konservative und strenge Lehrmeisterin hatte. Seine ganze Lehrzeit über befanden sie sich auf Wanderschaft im Hohen Norden und verließen die Einsamkeit nur, wenn die Not so groß war, dass sie nicht mehr selbst in der Lage waren der klirrenden Kälte der Eiswüsten zu trotzen. Die einzigen Gefährten, die häufig zwischen ihnen und dem sicheren Tod standen, waren die Schlittenhunde, die sie begleiteten und mit denen sie auch in den frostigen Nächten das Lager teilten.

*Es begann bei Sonnenuntergang. Meine Meisterin hatte mich sieben Tagesreisen weit in die Grimmfrostöde geführt. Kein Wort war in dieser Zeit über ihre Lippen gekommen und die letzten drei Tage hatte ich ohne Nahrung auskommen müssen. Nun nahm sie jene Schale aus Föhrenholz aus dem Gepäck, in der sie das Blut geschächteter Tiere aufzufangen pflegte und schirrte ihren besten Hund aus, ein Tier, das uns viele tausend Meilen treu zur Seite gestanden hatte und das mir zu einem Freund und Familienmitglied geworden war. Mir stockte der Atem, als sie mich nun unverwandt anblickte und in das Fell des Hundes griff, der sich vertrauensvoll an ihre Hand schmiegte. Ich sah in die Augen des treuen Tiers, die mich sanft, beinahe wissend anzublicken schienen, während sie seinen Kopf ein Stück nach hinten zog und mit geübtem Handgriff den Dolch in seine Kehle stieß. Nicht ein Laut entwich seiner Kehle, als das Leben spendende Blut aus seinem Halse schoss. In wenigen Sekunden war es vorbei. Sanft ließ die Geweihte den Körper des Opfertiers nach vorne gleiten, strich noch einmal durch das Fell und kraulte noch einmal die buschigen Ohren. Dann nahm sie die Schale dampfenden Bluts, streute ein paar Kräuter hinein und reichte mir den Trunk.*

*„Mögen Stärke, Geschicklichkeit und Wissen dieses Opfers sich mit den deinen vereinen und sein Geist dir, wie im Leben, treuer Führer sein auf der Reise in Firuns Reich."*

*Ich hatte nicht gewusst, dass ein solches Opfer nötig war, damit ich meine Prüfung ablegen konnte, doch nun begann ich langsam zu verstehen.*

*Die ersten Schlucke schmeckten bitter und ich hatte das Gefühl würgen zu müssen. Doch dann begann alles um mich herum wie in Nebel zu versinken und ich hörte die vertraute Stimme des Hundes in einiger Entfernung heulen. Nur am Rande nahm ich noch wahr wie ich die Schale bis zur Neige lehrte und mein Körper vornüber sank, neben den Kadaver des treuen Tiers. Immer deutlicher wurde indes der Ruf und ich spürte, wie mein Geist in dieser diffusen Welt körperliche Gestalt annahm. Immer mehr Konturen schälten sich aus dem Nebel, immer lichter wurde das Gespinst, bis ich den klaren Himmel sehen konnte. Doch war ich weder vertraut mit der Anordnung der Sterne, die sich zeigten, noch mit der Umgebung.*

*Nun nahm ich auch die Gestalt des Hundes wahr, die keine zwei Schritt entfernt vor mir saß und mit wedelndem Schwanz und leicht geneigtem Kopf auf mich wartete.*

*Als er meiner Aufmerksamkeit gewahr wurde, sprang er auf, trabte ein paar Schritte von mir fort, blickte sich noch einmal kurz um und forderte mich, auf ihm zu folgen.*

*Unser Weg führte uns Stunde um Stunde, über eine schier endlose Fläche aus Eis und Schnee, unmöglich zu sagen in welche Richtung wir gingen, noch wie viel Zeit verstrich. Irgendwann begannen die Sterne zu verblassen und ein diffuses Licht, wie Morgendämmerung, zog herauf. Noch immer war nichts weiter zu sehen als eine weiße Ebene, ohne jegliche Möglichkeit der Orientierung, Ein steter, eisiger Wind strich über das Land und führte hier und dort den lockeren Schnee in kleinen Wirbeln mit sich, die wie Geisterwesen über das Feld zu streifen schienen.*

*Mein Blick wurde langsam müde vom steten Einerlei, nur mein Gefährte bot einen Kontrast, an den sich mein Geist klammerte. Ohne ihn wäre ich wohl längst ebenso ein wirrer Geist geworden, der ziellos über die Ebene zog. Meine Beine wurden müde, meiner Lider schwer und ich verspürte einen übermächtigen Drang, mich für einen Moment auszuruhen. Vermutlich wäre ich an dieser Stelle hingesunken und erfroren, hätte nicht die kalte, nasse Zunge meines Freundes und sein tiefes, grollendes Knurren mich vor ebenjener Falle bewahrt.*

*Eine Hand voll Schnee, die ich mir ins Gesicht rieb, tat ihr übriges, um meine Lebensgeister erneut zu wecken.*

*Ich weiß nicht woher er kam, noch wie lange er schon dort stand, doch als ich mir den letzten Schnee aus den Augen rieb, sah ich ihn plötzlich. Keine zwanzig Schritt lagen zwischen mir und dem prächtigen Tier, einem Firunshirsch, größer und prächtiger als ich ihn mir je erträumt und als ich ihn jemals danach wieder gesehen habe.*

*Es war als blicke er mich spöttisch an, er senkte dann sein Haupt und schob mit der Nase den Schnee beiseite, als suche er darunter nach Futter, gerade so, als hätte er entschieden, dass von mir keine Gefahr ausging.*

*Mein Hund saß an meiner Seite und gab keinen Laut von sich, während ich bedächtig und ohne hektische Bewegungen den Bogen aus seiner Halterung nahm und ihn vorsichtig spannte.*

Entgegen der Ansicht, man könne in Firuns Jagdgründe nicht mehr als einen Dolch mitnehmen, ist es schon oft vorgekommen, dass bei der Weihe andere Waffen in Gebrauch waren. Wahr ist jedoch, dass der entscheidende Kampf zwischen Weihetier und angehendem Geweihten niemals mit mehr als einer Nahkampfwaffe, oft sogar mit bloßen Händen oder gar in einem rein geistigen Duell stattfindet.

*Der Hirsch war auf seiner vornehmlichen Suche nach Futter sogar noch ein paar Schritt in meine Richtung gekommen, den Kopf mir zugewandt, so dass er ein prächtiges Ziel für einen Blattschuss abgeben würde.*

*Behutsam fingerte ich eine Pfeil aus dem Köcher, legte ihn in einer fließenden Bewegung auf die Sehne, spannte, zielte und schoss.*

*So sicher ich mir war, dass dieser Schuss sein Ziel finden würde, so erstaunter war ich, als der Hirsch in dem Moment, als sich der Pfeil von der Sehne löste, nur einen Schritt zur Seite tippelte und der Pfeil ins Leere ging.*

*Als hätten ihn die Federn am Schaft des Pfeiles leicht gekitzelt, schüttelte er sein Ohr, sah kurz auf und dann vernahm ich einen tiefen gutturalen Laut, der klang als würde er lachen.*

*Und tatsächlich blitzte es in seinen Augen wie Schalk und ich war mir sicher, dass er sich gerade prächtig amüsierte.*

*Blut schoss mir ins Gesicht und ich merkte wie Scham und Wut in mir aufstiegen. Na dem würde ich es schon noch zeigen. Eilig legte ich einen weiteren Pfeil auf, als sich der Hirsch umwandte und davonpreschte. In den Bruchteilen einer Sekunde, so schien es mir, war er bereits außer Reichweite und ohne groß zu überlegen, jagte ich ihm hinterher.*

*So ging es eine ganze Weile. Immer wieder blieb der Hirsch stehen, wartete auf mich und sprang im letzten Moment erneut davon, oder wich meinem Schuss grazil aus.*

*Das Dämmerlicht wurde allmählich dunkler und die Nacht brach mit einer solchen Schwärze herein, dass ich kaum noch die Hand vor Augen sehen konnte. Nur das weiße Fell des Firunshirschen leuchtete im spärlichen Licht Madas auf der weißen Ebene. Ein letzter Pfeil war mir zwar noch geblieben, doch müde, erschöpft, gedemütigt und zornig wie ich war, nahm ich meinen Dolch aus dem Gürtel und stapfte auf das Tier los.*

*Dieses verlor in jenem Moment den Spott in seinem Blick, senkte mit einem Mal das Geweih und scharrte mit dem Huf. Nun sollte es also sein. Nur der Hirsch und ich, ein Zweikampf auf Leben und Tod.*

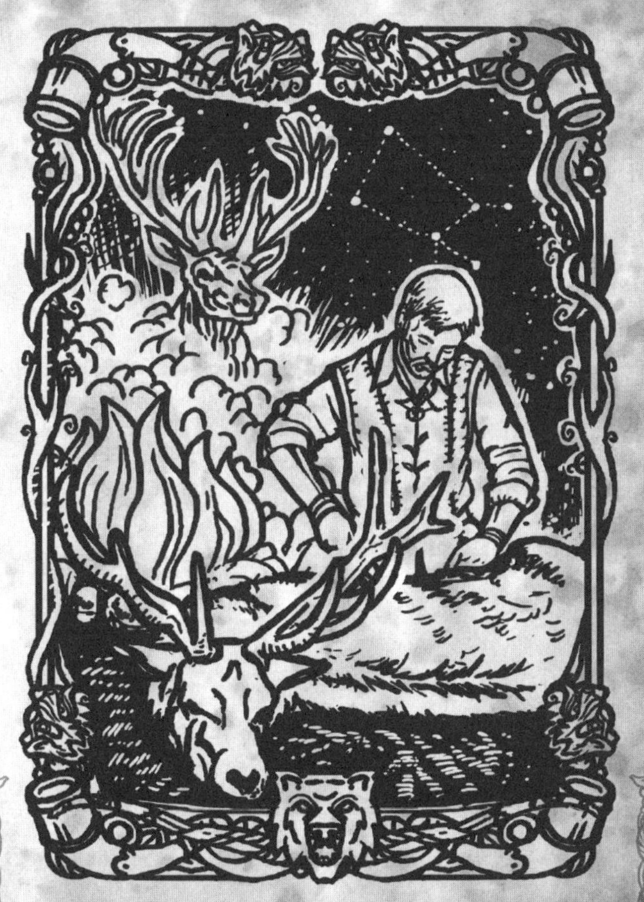

*Nichts ist vergleichbar mit dem Kampf, der nun zwischen uns entbrannte. Zwei ebenbürtige Gegner waren wir, sowohl an Kraft, wie auch an Geschicklichkeit und Gerissenheit, gaben wir uns nichts nach.*

*Als der Hirsch sich schlussendlich meinem Dolch beugte, war es fast, als erkenne er meine Entschlossenheit an, wenn auch nicht meine Überlegenheit. Firun hatte mich geprüft und gewogen. Als ich erschöpft und mehr tot als lebendig vom Kampf nach ein paar Schritten unter der Schwere meines Gegners zusammenbrach, empfahl ich mich seiner Hand. Ich wusste, nur wenn er mich für würdig erachtete, würde ich dem Rauschen der Schwingen noch ein weiteres Mal entgehen.*

*Das erste Geräusch was ich hörte, war jedoch das sanfte Prasseln des Lagerfeuers an dem ich erwachte. Meine Meisterin saß mir gegenüber und beobachtete mich aufmerksam. Im flackernden Lichtschein nahm ich den Leib meiner Beute wahr. Die Gestalt eines stattlichen schwarzen Hirschs, war es, die nun Teil von mir geworden war.*

*Im Laufe des erwachenden Tages zog ich ihm das Fell ab und machte mir einen Umhang daraus, den ich fortan immer am Leibe trug.*

*Ich war nun ein Geweihter des Firun, geläutert, geprüft und gewogen, wie es von jeher Brauch und Sitte war.*

So berichtet Taron Firunsläufer, mein Lehrmeister über seine Weihe im Jahr 1008 BF.

## Besänftigungen und Huldigungen – Vom Wesen der Geweihtenschaften

Es gibt zwischen Firun- und Ifirngeweihten jede Menge Unterschiede, gemeinsam verbindet sie jedoch vor allem die Liebe zu Vater und Tochter, denn beide gehören zusammen, zur Jagd, Schnee und dem Drang danach frei zu sein. Ebenso wie der Grimme und die Milde sich darüber einig sind, welche Feinde es zu bekämpfen gilt, wenngleich der ein oder andere Unterschied in der Wahl der Mittel besteht.

Jeder Geweihte des Firun und jede Dienerin der Milden Herrin verabscheut und bekämpft jene Kreaturen und Frevler, die es wagen, sich dem natürlichen Lauf von Werden und Vergehen zu widersetzen. Ein dunkler Gedanke mag vergehen, führt er jedoch erst zu Wort und später Tat, so gibt es keine Gnade, nicht einmal vor der Milden.

Diebe, Verräter, Schänder, Mörder, so sie denn überführt oder gar geständig, erwartet harte Strafe, wenn einer dieser Geweihten über sie richten soll, härter noch, als das Urteil eines Praiosgeweihten ausfallen mag, denn die Strafen des Firun, aber auch der Ifirn, sind unmittelbarer und häufig mit Gefahr für Leib und Leben verbunden.

Denn wer sich unnötig und nur auf das eigene Wohl bedacht an den Schwachen vergeht, soll seine Taten am eigenen Leib zu spüren bekommen.

Vor allem Paktierer und widernatürliche Wesen verdienen keine Gnade. Ihr Schicksal sei der Tod.

## Die Wanderer – Einsame Wächter Haugriffs

Wie bereits erwähnt, ist es dem Firuni ein Bedürfnis, seinem Gott überall dort nahe zu sein, wo er geht, steht und jagt. Fordert man einen der Wanderer auf, einen Gottesdienst zu Ehren des Alten vom Berg zu veranstalten, kann es durchaus geschehen, dass er die ganze Gesellschaft der Gläubigen zunächst mit zur Jagd nimmt, oder, wenn derer zu viele, das Wild selbst erlegt, die Menschen hernach auf dem Marktplatz versammelt und das Tier nun, zu Ehren des Weißen Jägers, häutet, aufbricht, ausweidet und zerlegt. Opfergaben an den Gott, wie Herz und Leber und das Lesen der Eingeweide gehören dann ebenso dazu wie das Verteilen des Fleisches an die besonders Bedürftigen der Glaubensgemeinschaft. Möglich ist es ebenso, dass er die Versammelten bittet, ihre Waffen und Werkzeuge, ob Dolche, Bögen, Pfeile, Küchenmesser oder Äxte, hervorzuholen und sie unter seiner Anleitung zu reinigen und zu pflegen.

Vielleicht setzt er sich mit ihnen auch um ein Feuer und bittet jeden der Anwesenden um eine Geschichte, in der die Jagd oder das Überleben in der Wildnis eine Rolle spielen.

Mein Lehrmeister bat einmal den Dorfschulzen, der um einen Gottesdienst bat, darum, die Gemeinschaft auf einer Weide vor dem Dorf zu versammeln. Als sie sich langsam einfanden, stand er die ganze Zeit stumm und mit verschränkten Armen auf einem kleinen Findling. Nur seine Augen bewegten sich und musterten jeden der Ankömmlinge ganz genau.

Drei ganze Stunden stand er dort und die Menschen saßen im Halbkreis um ihn herum, ihm zugewandt und schwiegen. Eines der jüngeren Kinder, es mag vielleicht achtzehn Monde alt gewesen sein, entschlüpfte schließlich den Armen und stapfte etwas wackelig, aber zielstrebig auf meinen Meister zu, sah zu ihm auf und lächelte. Da blickte mein Meister hinab, lächelte zurück, zog einen kleinen, aus Föhrenholz geschnitzten Bären aus einer der Taschen seines Mantels, stieg von dem Stein und gab diesen dem Kind. Das Lächeln des Kindes wurde breiter, als es das kleine Holztier entgegennahm. Mein Meister sprach noch einen Segen über das Kind, indem er seine Hand kurz auf dessen Haarschopf ruhen ließ, dann rannte das Kind zurück zu seiner Mutter. Mein Meister sah zu der Gemeinde hoch, breitet die Arme aus und sprach: „Firun sei mit euch!" Damit war der Gottesdienst beendet. Man kann also nie wissen was man bekommt, wenn man einen der Wanderer um eine Segnung oder einen Gottesdienst bittet. Beides kann Sekunden, aber auch Stunden, oder auch Tage dau-

ern, denn der Geweihte nimmt den oder die Gläubigen immer mit auf seine Reise. Er beginnt an dem Punkt an dem er gerade steht, ganz egal was er gerade vor hat.
So wie andere Geweihte Gebete sprechen und Lieder zum Lob ihres Gottes singen, so geht der Wanderer zur Jagd, platziert einen besonders schwierigen Schuss, reinigt und pflegt seine Waffen mit Hingabe und Sorgfalt, folgt der Fährte eines Tiers, schweigt mit seinen Tieren und lauscht in die Dunkelheit.
Doch nicht jeder Gläubige ist ein Geweihter des Gottes und nicht jeder Geweihte ist gleich.

## Die Hüter der Jagd - Höfische Gesellschaft

Ganz anders und doch in vielem ihren Brüdern im Dienste Firuns gleich, sind die Gepflogenheiten und Bräuche der Jagdmeister Firuns.
Das Bedürfnis der Edlen und ihrer Vasallen um eine feste Ordnung und einen konstanten Ort für Gebet und Andacht im dichter besiedelten Mittelreich und Horasiat haben erst kürzlich eine neue Strömung gebildet, die sich der Veränderung der Gesellschaft angepasst hat.
Hier werden die Riten durchaus auch unter dem Dach einer schützenden Kapelle abgehalten, meist Bestandteil eines Adelssitzes, einer städtischen oder dörflichen Gemeinschaft.
Gerade zum Beginn der Jagdsaison finden Jagden unter der Leitung der Geweihten statt, die nicht immer nur dazu angedacht sind den Hunger der Menschen zu stillen, sondern bei denen es den hohen Damen und Herren durchaus darum geht sich besonders hervorzutun, sei es durch einen guten Schuss, den Beweis von Mut, aber eben auch das Erlegen eines prächtigen Tiers.
Die Hüter der Jagd wachen gerade hierbei mit strengem Blick darüber, dass keine Unmäßigkeit aufkommt.

Den ausgewogenen Bestand gesunder Tiere stets im Auge behaltend, wachen sie ebenso darüber, die Wilderei zu unterbinden. Teils indem sie selbst erlegte Beute an Hungernde verteilen, teils indem sie massiv gegen Raubwilderer vorgehen, die die Wilderei vor allem der Felle und Trophäen wegen betreiben.
Ausgedehnte Streifzüge in der unmittelbaren Umgebung sind den Hütern der Jagd ein besonderes Bedürfnis, während längere Wanderungen eher die Ausnahmen darstellen.
Hinzu kommt, dass die Hüter der Jagd durch ihre Verbundenheit zu einem Adelshaus oder einer Gemeinde sehr viel weisungsgebundener sind, als ihre Brüder und Schwestern.

## Geschwister der Tiere - Zum Wohl der Gemeinschaft

Ifirngeweihte lieben die Gesellschaft von Mensch, Tier und Natur, gehen auf in der Gemeinschaft und sind dennoch so frei und ungebunden wie der Silberschwan.
Wie sie diesen schmalen Grat von aufopferungsvoller Hingabe für die Gemeinden gegenüber dem Bedürfnis nach freiem Flug über schneebedeckte Weiten meistern, ist mir bis heute ein Rätsel.
Die Herzensgüte strahlt förmlich aus jeder Faser ihres Seins und erfasst alle Umstehenden, bis hin zum griesgrämigen Alten auf der hintersten Ofenbank.
Der Ablauf eines Besuchs ist dabei fast immer gleich, denn ein Ifirngeweihter ist ein willkommener Gast. Betritt eine Ifirngeweihte ein Dorf, so empfängt man sie mit offenen Armen und einem willkommenen Lächeln. Die Kinder des Dorfes werden ihr gebracht, so sie nicht schon in einer Traube um sie herumschwirren, auf dass sie jedes einzelne segne.
Hernach bringt man Speisen und Getränke, begibt sich zu einem meist offenen Versammlungsort, während die Geweihte die Segenssprüche erteilt, einen kleinen Göttinendienst abhält und von

den Neuigkeiten aus anderen Dörfern erzählt. Frauen wie Männer kommen zu ihr in Fragen der Liebe, der Familie, Schwangerschaft, Geburt, Jagd, Ernte, des Alterns, Krankheiten, tragen ihr all ihre Sorgen vor, stets mit der Gewissheit, dass sie einen mitfühlenden und weisen Rat erhalten werden.

Ein bis zwei Tage verweilt die Geweihte meist in der Gemeinschaft, dann zieht sie weiter, meist abseits der Pfade wandernd, stets von guten Wünschen der Bewohner begleitet und mit Nachrichten für entfernt lebende Verwandte im Gepäck.

Viele Geweihte der milden Herrin ziehen auch nicht allein durch die Wildnis. Häufig ist es ein ganz besonderer Gefährte, der sie nicht nur des Wegs, sondern vielmehr einen großen Lebensabschnitt hindurch begleitet. Die Bindung zwischen Geweihtem und Tier ist hierbei rein empathischer Natur und durchdrungen von beiderseitiger Liebe füreinander.

So kommt es durchaus vor, dass dem Geweihten auch mehrere Tiere aus freien Stücken folgen, ebenso ungezwungen im Wesen wie der Geweihte selbst, jedoch genauso treu ihrem erwählten Rudelführer gegenüber. So nennt man die Geweihtenschaft der Schneeherrin auch die Geschwister der Tiere.

## Ein Blick auf die erstarrte Welt

Viele der Geweihten des Herrn Firun und auch die der Ifirn besitzen die Gabe des Prophezeiens. Nicht Wenige sind gerade über diese Gabe zum Dienen gekommen und haben ihren Ruf vernommen.

Doch auch ohne diese Gabe ist es unter uns sehr verbreitet der Kunst des Orakelns, der Deutung, oder des Lesens, wie ich es oft nenne, zu frönen.

Es ist nicht so sehr eine Lust, als ein innerer Drang, eine Eingebung, die auch jene verspüren, die der Gabe nicht mächtig sind.

Als sei es im Wesen unseres Gottes verankert und werde uns mit der Weihe verliehen.
Hierbei gibt es so viel zu deuten, wie es Minuten an einem Tag gibt. Häufig ist es etwas Alltägliches, was unsere Aufmerksamkeit erregt und uns innehalten lässt.
Der Tanz der Schneeflocken, die Form der Risse im dünnen Eis einer Pfütze, der Geruch eines kalten Windstoßes, der zum Fenster hereinweht, das Spiel der Schatten an der Wand oder der Flammen am wärmenden Feuer.
Doch natürlich gibt es auch Situationen, in denen man eine Deutung absichtlich herbeiführt. Sei es das Lesen der Eingeweide eines frisch erlegten Tiers, die klassische Sterndeutung, oder auch die Deutung der Flugbahn eines besprochenen Pfeils.
Abgrenzen muss man hier jedoch ganz klar die Liturgie zur Voraussage des Geschicks einer Person, denn diese Eingebung geschieht immer kraft und mittels göttlichem Wirken und hat mit der einfachen Deutung nicht das Geringste zu tun.
Auch solche Prophezeiungen, die ganz mittels der Gabe erhalten werden sind anderer Natur als das einfache Deuten, wenn man sich auch hier nicht sicher sein kann aus welcher Quelle sie in den Geist der Person mit der Gabe gelangen. Während andere den Götterdienst in einer festgefügten Zeremonie, in einem eigens errichteten Gebäude versehen, so ist es dem Firuni ein Bedürfnis, seinem Gott überall dort zu huldigen, wo er sich gerade befindet. Hierzu gehört zum Beispiel auch, still am Feuer zu sitzen, den Tanz der Schatten und das Spiel der Schneeflocken zu beobachten, oder dem Heulen des Windes zu lauschen. In jedem dieser Ereignisse kann er lesen. Es ist wie eine Meditation, ein zur Ruhe kommen, das uns unserem Gott ein Stück näher bringt und unsere Seelen öffnet, wie ein stummer Choral zu Ehren Firuns, ein Gebet an den Grimmen.

# VI

# Wolfsheulen und Schwanenschnattern – Das Gefolge

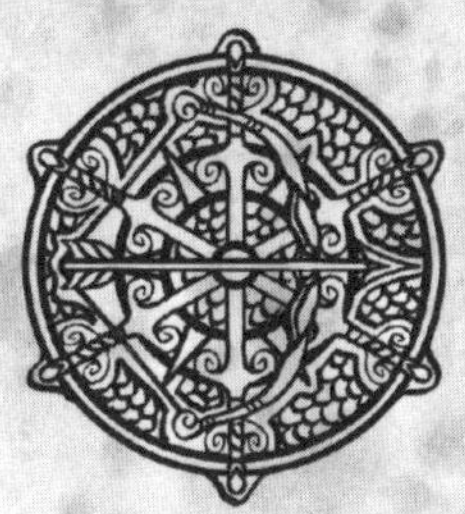

# Die Wilde Jagd

Firuns Wilde Jagd ist wesentlicher Bestandteil seines Wesens und vereinigt mehr als alles andere seinen eisernen Willen und seine Unbeugsamkeit, denn die Wilde Jagd ruht nie.

Vielerorts wird sie den Kindern als Schreckgespenst verkauft, *„Wenn du nicht brav bist, holt dich die Wilde Jagd"* und wie in jedem Märchen steckt auch hier ein Funke Wahrheit, denn wie ich an vielen Stellen dieses kleinen Werks bereits erwähnt habe, ist Firun auf der Jagd nach dem Dunklen. Dabei ist es nicht relevant, ob es sich in der Seele versteckt oder bereits offenbart hat.

Mir selbst war es bereits einmal vergönnt persönliche, wenn auch kurze Bekanntschaft mit einem Mitglied aus Firuns Wilder Jagd zu machen und ich war froh, dass nicht ich die Kreatur war, die es jagte. Wenn man gleichzeitig Todesangst, Ehrfurcht und ein einzigartiges Gefühl der Ekstase und Entrückung erlebt, vergisst man diesen Moment niemals wieder.

Ich sah mit an, wie dieses Wesen ein ganzes Dutzend Kharmanthi hinwegfegte, die ihm im Weg waren und seine Jagd auf etwas noch Dunkleres unbeirrt fortsetzte. Für den Bruchteil einer Sekunde hatte ich seinen Atem im Nacken, konnte die Eiseskälte und den wilden Zorn spüren, den es mit sich trug. Für einen Augenblick schienen unsere Seelen zueinander zu sprechen und ich spürte, als wäre ich es selbst, wie es die Fährte witterte, alle Sinne auf das Ziel gerichtet. Wie flüssiges Eis brannte der Jagdtrieb in meinen Adern und die kleinen Wesen, die dort auf dem Weg ihre eigene Beute verfolgten, waren nichts weiter als lästige kleine Flöhe im Pelz.

Jeder Geweihte des Firun, der etwas auf sich hält strebt danach, einmal in Firuns Wilde Jagd aufgenommen zu werden, doch nur den reinsten und mutigsten unter uns ist es jemals vergönnt, nach dem Tode auch nur in seine Nähe zu gelangen.

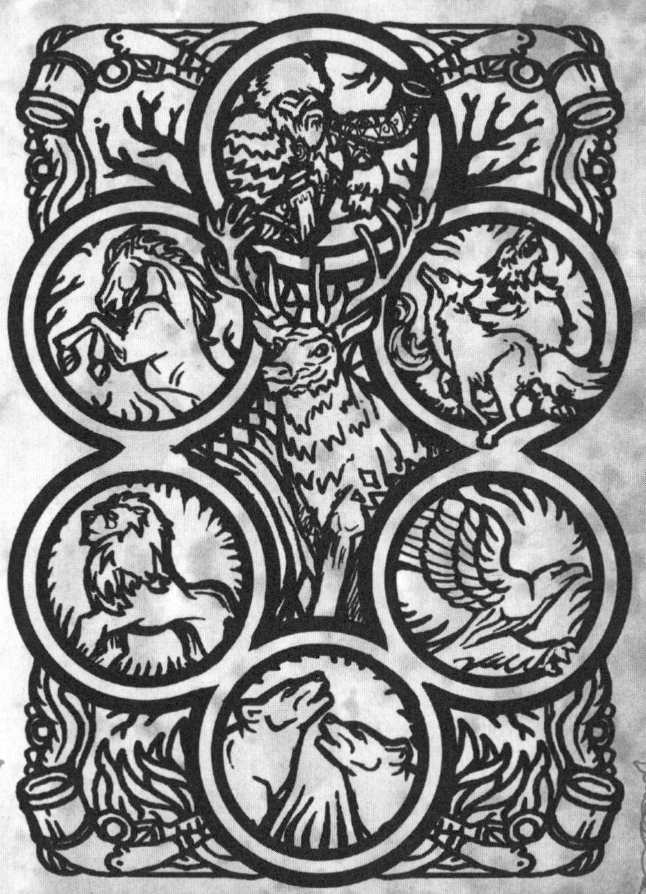

Jene jedoch, die den innersten Kreis bilden, jene, die immer wieder mit dem Namen der Wilden Jagd in aller Munde sind, jene sind es, die für den Herrn Firun jagen, ohne Unterlass. Ihrer sind:

Die Schneehunde Aikul und Arjuk, der Schnellste und der Gewandteste, welche die Wilde Meute anführen. Sie sendet Firun zusammen aus die Spur zu finden, Witterung aufzunehmen und die Beute zu hetzten.

Gorfang mit seinem furchteinflößenden Rudel, den Himmelswölfen. Jeder ein Einzelgänger, von Firun ausgesandt zu reißen und zu zerfleischen. Wehe, wenn sie im Rudel jagen.

Rajok, der Silberfuchs, dessen glänzendes Fell selbst im dichtesten Schneetreiben noch zu sehen ist, dient dem Alten vom Berg als Kundschafter und Führer.

Ärö, der weiße Hirsch, Wächter über Wald und Feld. Als Beschützer von Flora und Fauna zieht er durchs Land und führt jene, die es verdient zu sicherer Rast und Beute. Jene, die jedoch selbstsüchtig nach Reichtum streben und dafür Leben nehmen, lockt er ins Verderben.

Iyi, der schwarze Himmelsadler, dessen Schwingen selbst dem scharfen Nordwind trotzen und ihn sogar mit sich zu führen scheinen, fliegt um das Haupt seines grimmen Herrn, auf dessen Wink wartend hinauszufliegen und auf Kundschaft zu fliegen. Ohne Unterlass späht er in die Ferne, den dunklen Punkt der Beute niemals aus den Augen verlierend. Und so ist es oft der eisige Nordwind, der den Winter ankündigt, noch bevor eine einzige Flocke gefallen.

Läja, der weißen Waldlöwin, folgt eisiger Schnee auf der Pranke. Wo sie sich niederlässt, hat der Schnee kein Ende. Ihre Jungen sind wie tobende kleine Geister, die im weißen Treiben wirbeln und Verwehungen aufwerfen, wo sie sich balgen.

Wenn Läja und Iyi zusammen ziehen, sich Nordwind und Schneefall vereinen, so nennt man sie auch das *Eisige Gespann*, denn Eis- und Schneesturm, Graupel und Hagel sind ihre Gefährten. Keine gute Zeit für die Jagd Sterblicher.
Das kohlrabenschwarze Himmelsross Eisegrein, ist mehr als nur das Reittier des Weißen Jägers. Vor Äonen entstieg es einer durch Firuns Atem erkalteten Esse des Feurigen Alten. Seine Augen leuchten noch immer wie glühende Kohlen und seinen Nüstern entsteigt noch immer kalter Rauch. Mit Hufen aus klirrendem Eis stiebt es durch Schnee und frostige Weiten. Wo es tritt gefriert der Boden und erzittert das Eis. Auf ihm reitet der Alte vom Berg selbst zur Jagd, sein silbernes Jagdhorn Haugriff zu einem weiteren Hornsignal bereit. Der Ruf dieses Signals geht über die Sphären hinweg, warnt seine Feinde und ruft die Freunde und Gefährten zur Jagd zusammen.
Man erzählt sich, dass eines Tages, wenn die Not Deres am höchsten, das Silberne Horn in die Hand eines Menschen gelegt wird, auf dass dieser die Wilde Jagd innerhalb der Dritten Sphäre zum Kampf führe.
Wenn jedoch dieser Tag noch nicht eingetreten, bei all den Schrecken der letzten Jahre, so wollen wir hoffen, jener bleibe uns noch sehr, sehr fern und möge möglichst niemals über Dere kommen.

## Die Silberschwäne

Die Kinder der Firunstochter Ifirn, sind die eigeborenen Silberschwäne Nidari, Yidari, Lidari und Aidari.
Nidari gilt als Tochter des Himmelswolfs Gorfang und wacht über die firungefällige Jagd. Kein Jäger in ihrem Revier sollte es wagen, ohne Not ein Tier zu erlegen oder zu quälen. Auch sagt man, dass sie bisweilen als Wolf oder Mensch auf Dere wandelt. Einige glau-

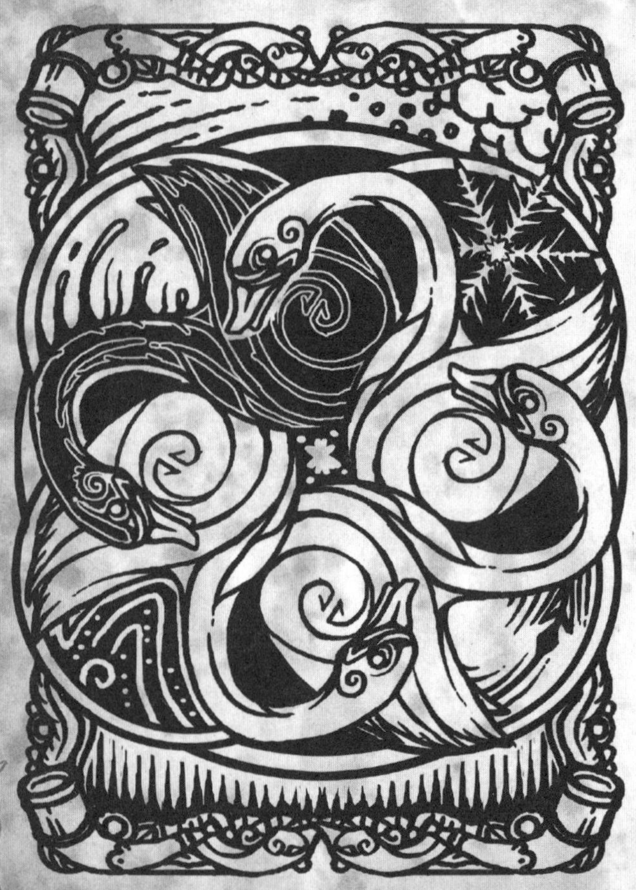

ben sogar, dass Iloïnen Schwanentochter in Wirklichkeit Nidari ist, die von Ifirn gesandt wurde, um die Hetzjagd Gloranas zu beenden und ihre Macht zu brechen. Dies gehört jedoch eindeutig in den Bereich der Spekulationen.

Yidari, die Zweitgeborene, soll die Tochter des Himmelsadlers Iyi sein. Sie führt dem Schützen die Hand, der in rechter Weise ein Tier erlegen will und gilt als Schutzpatronin für Jäger und Waldläufer. Auch sie soll die Gestalt eines Menschen und die eines Adlers annehmen können und von Zeit zu Zeit fliegt sie mit ihrem Vater auf des Nordwinds Schwingen im Gefolge der Wilden Jagd Firuns.

Lidari jedoch, die als dritte das Licht der Sphären erblickte, und als deren Vater der schlaue Silberfuchs Rajok genannt wird, schleicht als weiße Füchsin durch die Wälder Deres und beschützt den Wanderer auf seinem Weg durch Feld und Wald. Läuft dieser Gefahr in ein Gebiet einzudringen, das für ihn den Tod bedeuten kann, oder das er aus anderen Gründen nicht betreten soll, so findet sie immer eine Möglichkeit, ihn auf den rechten Weg zu führen. Dabei ist ihre Form so wandelbar wie ihr Einfallsreichtum. Nur selten muss sie tatsächlich auf die Gestalt einer wunderschönen jungen Frau zurückgreifen, um dies zu erreichen. Dann jedoch ist sie eine wahrhaft verführerische und gewitzte junge Dame mit einer würzigen Prise Humor und einem Hauch Verspieltheit in den Augen.

Von Aidari, der Jüngsten der vier Geschwister, wird gesagt, sie sei dem Swafnir geboren. So fiel ihre Wahl auch auf die Wasser, welche das Land bis zum Meer überziehen, die Bäche, Flüsse, Weiher und Seen, auf denen sie den Reisenden ihren Schutz bietet. Unter ihren Schwingen kentert kein Boot und findet der Fischer immer genug zum Leben. Von ihr sagt man, dass sie sich mitunter in Gestalt einer silbernen Nixe zeigt, die mit den Lachsen zieht. Sie ist die scheuste und schweigsamste unter den Geschwistern, aber auch die mit dem sonnigsten Gemüt und der sanftesten Art.

## Die Kalte Braut

Eine fünfte Tochter aber soll Ifirn dem Kor geboren haben. Neun Mal soll er sie mit Gewalt genommen haben, bis sie ihm in ihrem Schmerz ein schwarzes Ei gebar, durchzogen mit Linien von dunklem Blut.

Aus dem Ei entschlüpfte eine fünfte Schwanentochter, schöner noch als alle vier ihrer Schwestern zusammen, doch von Beginn an von Grausamkeit und Neid zerfressen. Machthungrig lauerte sie auf jeden Fehl, jede noch so kleine Unachtsamkeit und nutzte diese zu ihrem Vorteil gegen jene, die ihr doch lieb und teuer sein sollten. So groß war ihre Gier und ihr Verlangen nach Anerkennung, dass sie sich in ihrem Streben dem Namenlosen Gotte anbot. Ihre durchtriebene Anmut und ihre rücksichtlose Wissbegier gefielen dem Namenlosen, so dass er sie zu seiner Braut erkor. Doch die Anderen bemerkten den Verrat ihrer Schwester. Als jene sich erhob, um sich dem Dunklen Frevler zu ergeben, da ergriffen sie ihre Schwestern, banden sie ihrem Gemahl gleich in Fesseln und bannten sie in die kalten Schwaden über den Nebelzinnen, wo ihre wütenden Schreie noch heute von Dunst erstickt und von wirbelnden Winden davongetragen werden. Die Legende sagt jedoch, dass sie ihr Brautgeschenk, die arkanen Geheimnisse von Mutter und Schwestern, bis heute bei sich trägt. Auch erzählt man sich, dass sie geschworen hat, diese jedem zu verraten, der sie aus ihrer Verbannung befreit. So ist es nicht verwunderlich, dass viele Frevler und machthungrige Tölpel den sicheren Tod auf sich nehmen, um jene Kalte Braut zu finden und ihre Fesseln zu lösen. Doch keinem ist es bisher gelungen, mehr über jene Fünfte Schwanentochter zu erfahren. Nicht einmal ihr Name ist mehr bekannt. Und so ist sie ihrem Gemahl ähnlicher geworden als sie jemals gedacht.

# Kinder des Frosts, Geschwister der Tiere – Heilige

## Mikail von Bjaldorn

Mikail von Bjaldorn ist einer der höchsten Heiligen der Firunkirche und sollte daher jedem bekannt sein. Ein Mann, dessen Leben ganz im Dienste Firuns stand. Sein Mut, seine Opferbereitschaft und sein eiserner Wille ließen ihn so manche gute Tat vollbringen. Wüsste man es nicht besser, müsste man meinen er hätte etwas wieder gut zu machen gehabt, so zielgerichtet und voller Leidenschaft hat er bis ins hohe Alter gelebt und gedient.
Firun selbst erhob ihn zum Weißen Mann, einem Vorbild und Führer seiner Kirche und Leiter des Kristallpalasts zu Bjaldorn.
Viele Legenden ranken sich um den Heiligen, die bekanntesten sind jedoch jene, in der er die Bürger von Norntal vor dem Hungertod rettete und die, in der er mit seinen 76 Götterläufen noch einen Firunshirsch mit einem einzigen Schuss erlegte.

## Jarlak der Waidmann

Alten historischen Aufzeichnungen zufolge wurde Jarlak, Baron von Ehrenstein, im Jahr 522 BF während einer großen Treibjagd von einem Firunshirschen tief in die dunklen, verschneiten Wälder gelockt. Vom Jagdfieber gepackt hetzte Jarlak dem imposanten Tier nach und wurde so von der Gesellschaft getrennt. Tagelang verfolgte er die Fährte des heiligen Tieres, bis sich weit im Norden die Spur verlor. Tief in unbekanntes Gebiet der schwarzen Sichel hatte er sich vorgewagt und war so mit der Jagd nach dem Hirschen beschäftigt gewesen, dass er nicht bemerkt hatte, dass er mitten in das Gebiet einer Goblin-Sippe eingedrungen war. Als er für die Nacht nach einem geschützten Platz suchte, stolperte er unvermittelt über ihr Lager. Die Rotpelze, die in ihm einen Angreifer sahen, stürzten sich mit Speeren, Messern und Klauen auf ihn, doch er schlug einen nach dem anderen blutig nieder. Ein besonders großer und kräftiger Goblin, der eine Schamanin beschützte, brachte ihm eine tiefe, klaffende Wunde bei, doch Jarlak war in seinem Zorn ohne Schmerz und erschlug den Goblin gleichermaßen. Die Schamanin jedoch schrie und zeterte, verfluchte seinen Namen und schwor ihm Rache, bevor sie sich mit Hilfe ihrer Zauberkräfte in Sicherheit brachte. Erschöpft vom Kampf und seinen Wunden, sank der Baron auf die kalten Steine der Höhle nieder und seine Sinne schwanden. Als er nach einer Weile wieder erwachte und sich in der Höhle ein wenig umsah, fand er zwischen all den Fellen und sonstigen Hinterlassenschaften der Goblins im hinteren Teil der Höhle ein archaisches Schwert mit schimmernder Klinge, in dessen Knauf ein großer, ungeschliffener Bergkristall eingelassen war: Schalljarß, die legendäre Klinge Sildroyans, das Rondra und Firun heilige Schwert der Herrscher über das Land an Radrom und Tobimora.

Firun selbst schien ihn auserwählt zu haben, das Land zu beherrschen und die Bergkristalllöwin von nun an mit starker Hand zu führen.

Rohal der Weise selbst ernannte ihn noch im selben Jahr zum Herzog von Tobimorien.

Ein Jahr später jedoch erfolgte bereits ein erster Racheakt der alten Goblinschamanin, als ein riesiger Eber wie ein Fluch über die Lande längs der Tobimora herfiel. Er tötete Schafe, Hunde und sogar zwei Kinder. Herzog Jarlak stellte die Bestie nahe Mendena, weshalb der Keiler auch später unter dem Namen Mendenischer Eber in aller Munde war und noch heute ist. In einem Kampf auf Leben und Tod bezwang der grimme Jäger das wütende Ungetüm, hing seine Hauer als Jagdtrophäe um den Hals und schuf so eine weitere Insignie der tobrischen Herzöge. Das Land Tobimorien aber regierte er mit kaltem, unbeugsamem Willen und wurde ob seiner Härte sowohl geachtet, als auch gefürchtet. Seine beinahe schon barbarische Herrschaft und der Hass auf alle Verweichlichung machten ihn zu einem strengen Herrn, unter dessen Schutz jedoch Land und Leute gediehen. Er gilt als Schutzpatron Tobriens und wird als Schirmherr der Jagd angerufen. Noch im hohen Alter reiste er als Pilger zum Asainyf und kehrte wohlbehalten zurück.

## Isegrein der Wanderer

Geboren 479 v.BF, herrschte Isegrein von Weiden nach dem Tod seines Vaters, Isegrein dem Alten, 460 v.BF, als zweiter und letzter König von Baliho, gerecht und weise über das Land.
Er war es auch, der als erster Mensch von der Pilgerfahrt zum Hängenden Gletscher wiederkehrte und hernach noch zahlreiche andere Berggipfel bezwang.
Weit reiste er durch sein Königreich, meist auf Wanderschaft in den zahlreichen Wäldern und Bergen. Viele der heute wohlbekannten mythischen Orte Weidens mag er bereits zu seiner Zeit entdeckt haben, doch sind kaum Schriften erhalten, die seine Wanderwege und die von ihm erforschten Gebiete belegen können. So bleibt uns nur auf die seit alters her berichteten Erzählungen zu vertrauen und den Märchen der Alten am Lagerfeuer zu lauschen.
444 v.BF trat die Lex Imperia in Kraft und stellte das Königreich Baliho als Herzogtum unter das Lehnsrecht des Yarum-Horas. Die Freiheitsliebe des Balihoer Königs jedoch war so groß, dass er in die Wälder zog, als man ihn dergestalt knechten wollte, und niemals wieder gesehen ward.

Die Legenden berichten, dass er hinauszog, um Weisung zu finden, und von Firun selbst erhöht wurde, als Kundschafter durch die eisigen Weiten zu wandern und ihm Bericht zu geben von jedwedem Dunkel, welches heraufzöge.
Isegrein soll es auch sein, der schon so manchem Wanderer, der reinen Herzens war, in den firunischen Weiten begegnet ist und ihm den Weg wies, sei es als Weggefährte, oder als Richtung weisender Schatten im Sturm.

*Schritt für Schritt setzte ich einen Fuß vor den anderen, dem alles umfangenden Schneesturm trotzend. Doch wäre ich wohl in die Irre gelaufen, oder in die Tiefe der Gletscherspalten gestürzt, wäre da nicht jener vage Umriss gewesen, in dessen tiefen Fußstapfen ich lief und den ich für meinen nivesischen Gefährten hielt. Später, als ich das sichere Lager erreicht hatte, fand ich mich jedoch alleine. Mein Gefährte, Nurien, so erfuhr ich später, hatte sich bei dem plötzlich aufgekommenen Sturm in den Schnee gegraben und sich auf diese Weise in Sicherheit gebracht. Wer jedoch die Gestalt im Sturm gewesen, die mir den Weg gewiesen, das kann ich nur vermuten. Doch man sagt, dass Isegrein der Wanderer schon so manchen Reisenden aus misslicher Lage befreit. Und wenn ich mich versuche zu erinnern, so ist da keine Kälte und Sorge um mich, sondern nur ein Gefühl von Zuversicht und eisernem Willen, das sichere Lager zu erreichen.*

## Artema die Wegweiserin

Gallys, wie das ehemalige Kalleris heute heißt, ist ihre erwählte Heimat, jener Ort, an dem sie Zuflucht für die ihr Anbefohlenen fand, in Zeiten, als der Schwarzpelz wild und mächtig durch das Land tobte und viele Flüchtlinge hilflos und ohne Hoffnung auf Rettung durch die Wildnis irrten. Zum Wohl der auf sie Vertrauenden, ging sie gar soweit sich mit dem Häuptling des von Troll-

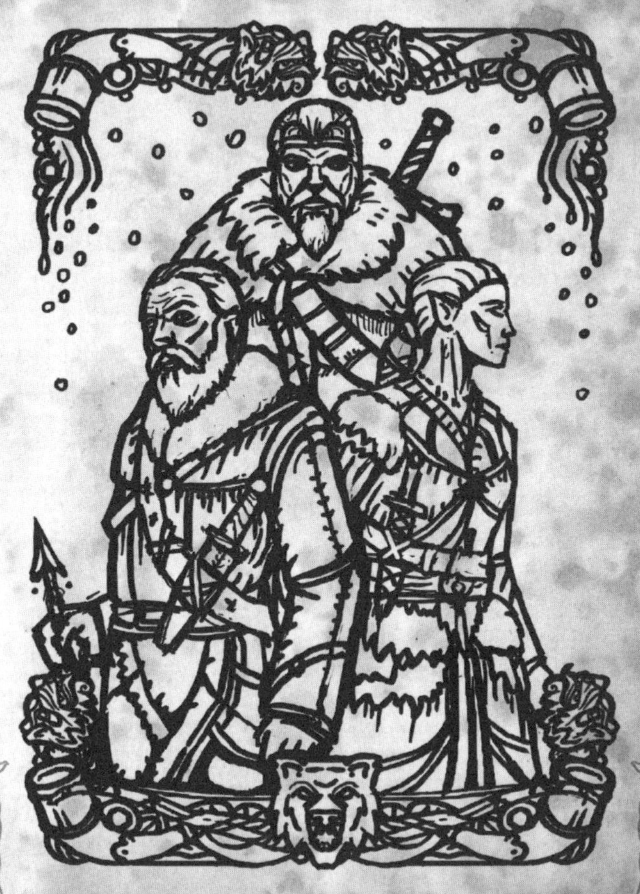

zackern bewohnten Stammesgebietes zu verbinden, um Schutz und Aufenthalt zu sichern.

Von Firun entrückt und in seine Jagdgesellschaft aufgenommen, steht sie allen Heimatlosen bei, die auf der Flucht sind. Gerade in Weiden, als Bruder Tobriens und dem gebeutelten Land selbst, wird sie oft als Schutzheilige angerufen.

Artema ist jene Heilige, die dem Volk gerade in den letzten Jahren am nächsten ist. Es gibt viele Berichte, die von Begegnungen sprechen, von erfahrbarem Glauben und unmittelbarem Kontakt zu ihr, der Führenden der Heimatlosen.

## Iloïnen Schwanentochter

Man erzählt sich, Iloïnen sei aus einem Schwanenei der Ifirn geschlüpft, um 900 BF. Ihr Vater sei der halbgöttliche nivesische Jäger Penttuu, Sohn des Himmelswolfs Reißgram.

Anfang Tsa 1019 BF nahm sie den Kampf gegen Glorana auf. Im Kampf um Paavi blieben ihr von ihrer Heerschar nur neun Wölfe, das heutige *Ifirnsrudel*. Ihr Leitwolf ist Luogror Kupferschweif.

## Das Ifirnsrudel

Wer sind die Wölfe, die auf der Jagd nach Gloranas Schergen durch den Norden streifen? Was treibt die wilden Geschöpfe, zum Teil halb Mensch, halb Wolf, dazu aufzubegehren und ihr Leben und Sterben in den Dienst von Göttern zu stellen? Ist es der Dienst an einem Gott, oder vielmehr der Wunsch nach Rettung, Gerechtigkeit und dem unbeugsamem freien Willen, der ihnen zu eigen ist? Ist eine Tochter der Schwanengleichen nicht zu mild, um als Führerin in einem Streit wider die Finsternis zu bestehen? Wer sind die Wölfe um das Rudel des Luogror Kupferschweif, dessen wildes Heulen dem Feind einen blutigen Morgen verheißt? Die Namen sind schnell genannt.

Luogror Kupferschweif, Kynnttä, Margrim, Aryagra, Raugrir, Kerra, Ilfandaël Eisherz, Yasil, Selaara und Tempura.
Doch das Herz, die Seele, der Wille, der sie vorantreibt, jene unbändige und alles umfassende Leidenschaft, die den Tod nicht scheut und jedem, der klaren Verstandes ist wie ein aussichtloses Unterfangen vorkommen mag, jene Aufopferung, der jeder Respekt und Achtung zollen muss, der sein beschauliches Leben geschützt wissen will, jener Antrieb bleibt vielen wohl auf ewig verschlossen, die das Elend im Eis nicht selbst geschaut.

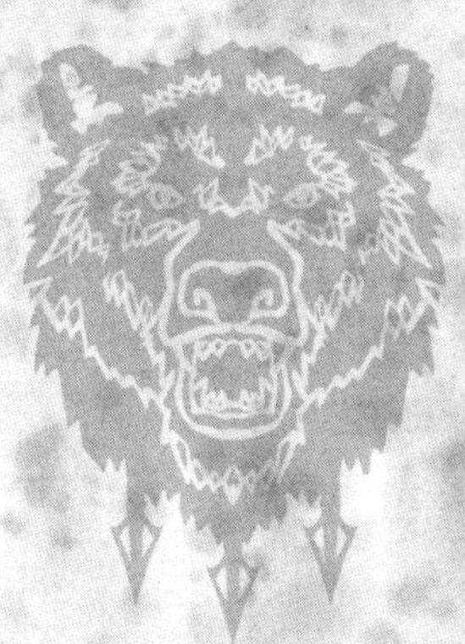

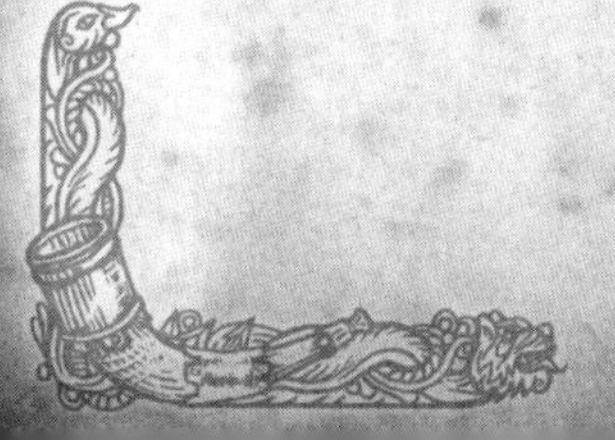



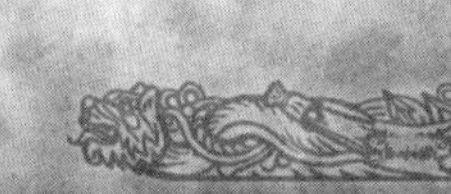

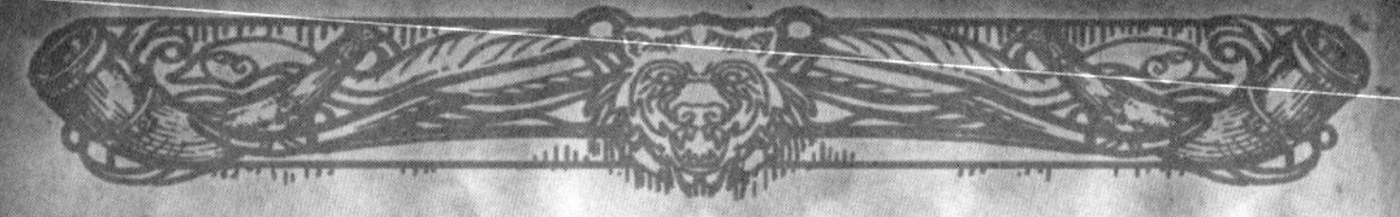

Hier magst du von eigener Hand ergänzen

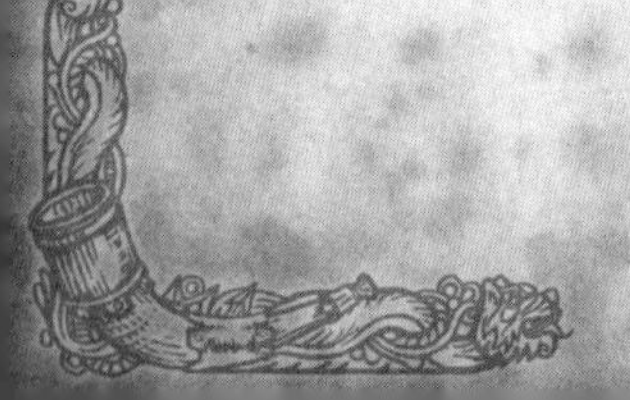

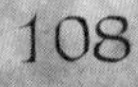

# VII

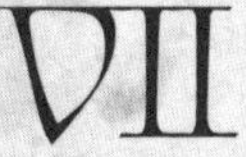

# Firunsgaben und Ifirnsheime

# Göttergaben

## Firuns Ring

Ein in Gold gefasster Bergkristall, der dem Besitzer die Richtung anzeigt, in der sich das nächste, von ihm benannte Lebewesen befindet. Kann einem z.B. aber auch den Weg zur nächsten menschlichen Siedlung oder zur Jagdbeute weisen. Ein mehr oder minder starkes eisblaues Leuchten weist Richtung und Nähe des Ziels. Allerdings weist der Ring nur dem den richtigen Weg, der den rechtschaffenen Wunsch nach Führung verspürt. Jeder der sich nur bereichern will oder noch dunklere Ziele verfolgt, kann sich glücklich schätzen, wenn der Ring sich nur verweigert. Es soll schon vorgekommen sein, dass sich unter den Füßen eines Frevlers das Eis auftat, um ihn zu verschlingen.

Der Legende nach schenkte Firun Meriban diesen Ring zur Geburt ihrer Tochter Ifirn. Er ließ von Ingerimm eine goldene Fassung für den Kristall schmieden, als Symbol für die Vereinigung von Sonne und Wärme mit Eis und Kälte.

Meriban selbst, sowie auch ihre Tochter Ifirn, sollen Kraft dieses Ringes sogar Firun und seine Wilde Jagd ausfindig machen können.

Bis zur Zerstörung der Kuppel wurde der Ring im Tempel zu Bjaldorn aufbewahrt und galt bis zur Erneuerung der Kuppel 1031 BF als verschollen. Heute liegt er auf dem Altar in der Mitte der Kuppel, gebettet auf ein firnweißes Schneedachsfell. Er wird von Harike Walsbirger, einer Bäuerin aus Bjaldorn, wie ihr Augapfel gehütet. Die Aura eiskalten Hauchs, die den Altar umgibt, verschwindet nur dann, wenn der Ring von einem Geweihten zu sich gerufen wird.

## Die Pfeile des Sankt Mikail

Die 76 Pfeile, die jedes Jahr zum 11. Firun in Bjaldorn verschossen werden und spurlos verschwinden, kehren aus Firuns Reich als Freipfeile zurück. Jeder Firun- und auch Ifirngeweihte hat einmal in seinem Leben die Möglichkeit mittels Liturgie einen dieser Pfeile zu sich zu rufen. Einmal gerufen, trifft er bei seinem Abschuss jedwedes Ziel mit tödlicher Präzision.

Zwei Mal soll es jedoch bereits geschehen sein, dass Firun selbst einem seiner Getreuen in höchster Not einen solchen Pfeil zur Hilfe sandte. Einer von jenen Auserwählten soll nicht einmal Geweihter gewesen sein.

## Der Polardiamant

*Rukus der Ausgestoßene, ein Wilder Zwerg aus dem Volke der Brobim, fand eines Tages in einem der dunkelsten, ältesten und tiefsten Tunnelschächte einen kopfgroßen, doch ungeschliffenen Diamanten. Voller Stolz über diesen Fund brachte er ihn auf direktem Wege seinem König, der da war Fafka Sohn des Dafka. Voll Ehrfurcht und großer Freude nahm dieser das Juwel in Empfang und machte sich höchstselbst daran, dem prächtigen Stein seine Form zu entlocken. Drei lange Jahre arbeitet der König ohne Unterlass Tag und Nacht, doch als er fertig war leuchtete und funkelte der Stein so sehr, dass er die ganze Thronhöhle mit seinem Strahlen erhellte. So ward der Stein von nun an Agam Bragab, Leuchtapfel geheißen und war das Kleinod des ganzes Volkes.*

*Eines Tages jedoch begegnete Fafka der lieblichen Fryna, Tochter des Winters, und verliebte sich unsterblich in sie. Doch Fryna wies das Werben des Königs zurück und wollte ihn nicht erhören. Da übermannte den guten König der Kummer und in seiner blinden Liebe zur Wintertochter schenkte er ihr das leuchtende Kleinod, in der Hoffnung, es würde mit seinem Glanz die Liebe in ihr entfachen. Doch Fryna nahm das Juwel, kehrte dem König den Rücken und ward niemals mehr gesehen.*

*Es gibt solche, die sagen, die Wintertochter hätte aus Furcht vor Diebstahl den Diamanten an den Himmel gebannt, doch ich bin mir sicher, dass diese Version wenig der Wahrheit entspricht.*

*Viele sagen jedoch Fryna dauerte das Schicksal des Fafka. Und da sie ihm zugetan wahr, so nahm sie den Stein und heftete ihn an den Himmel, wo er als Polarstern erstrahlte und jeder ihn bewundern kann. Man sagt, wenn getrennte Liebende zur gleichen Zeit zu ihm emporblicken und sich das Selbe wünschen, so vermag er ihnen jenen tiefsten Herzenswunsch zu erfüllen.*

Fryna, wie sie in der Mythologie der Brobim genannt wird, ist niemand anderes als unsere Milde Herrin Ifirn. Der Agam Bragab ist das Nordlicht, oder auch der Polardiamant, der als Artefakt der Göttin in Schwanengestalt gilt. Er leuchtet unverrückbar auf seinem Platz im Norden und ist dadurch unverzichtbare Navigationshilfe für Seefahrer und Reisende. Auch soll er den Eingang zu Ifirns Reich markieren, jenen Palast aus Schnee und Eis, in dem sie mit ihren Töchtern, den Silberschwänen, wohnt und von wo aus sie mit ihrem Silbernen Schlitten gen Dere aufbricht. Der Wiederschein des Sterns auf den silbernen Kufen und Seitenwänden entzündet den nördlichen Himmel mit gleißendem Feuer und fällt in schillernden Kaskaden vom Himmel herab. Jenes Lichterschauspiel ist ausschließlich im Hohen Norden zu sehen und wird auch oft als Ifirnsgleißen oder Polarleuchten bezeichnet. Es kann vor allem im Hesinde- und Firunmond beobachtet werden.

## Eisrose von Jarlak

Die Eisrose von Jarlak ist ein neuerlich erschienenes Artefakt der Ifirn. Seit dem Jahr 1020 BF, also im ersten Jahr nach der Machtergreifung Gloranas über Paavi am 30. Firun 1019 BF und im selben Jahr der Zerstörung der Kristallkuppel des Bjaldorner Tempels, erblühte die Rose aus Eis jedes Jahr im Firun, schmolz aber im Frühjahr wieder. Seit dem Winter 1030 BF, als Glorana sich langsam aber sicher immer weiter in den Hohen Norden zurückzog, schmolz die Rose auch im Sommer nicht mehr und blüht seit jener Zeit permanent.
Ein sanftes eisblaues Leuchten geht von ihren Blütenblättern aus und ihr Geruch gleicht der Süße eines klaren Wintermorgens mit frisch gefallenem Schnee.

Mit ihrer Hilfe weihte Nidaria Schwanenflug, eine Ifirngeweihte aus Ilmenstein, im Jahre 1029 BF den Norburger Tempel zu Ehren der sanften Göttin, und gab auch dem Bjaldorner Kristallpalast 1031 BF seinen geweihten Boden zurück.
Ob, und wenn ja, welche anderen Kräfte noch in der Eisrose von Jarlak schlummern, das wissen wohl nur Ifirn und Firun allein.

## Heiligtümer

### Die Eisigen Stelen zu Trallop

*Als Beowein, ein Fischer aus der Nähe von Baliho, eines Tages mit seinen Gefährten den Pandlaril befischte, gab es in den Bergen ein tiefes Grollen. Urplötzlich brach ein Gewitter los, dessen man seit Generationen schon nicht mehr gewahr worden war. Sturzbäche rannen herab, das Wasser des sonst an dieser Stelle so friedlichen Flusses begann zu brodeln und zu schäumen, dass die Boote wie Nussschalen hin und her geworfen wurden. Viele kenterten und so mancher versank in den Fluten. Weit gen Norden trug der Fluss die hilflosen Menschen, bis sie das Tosen eines Wasserfalls vernahmen. In größter Not stürzte Beowein sich als erster in die Wasser und erreichte das rettende Ufer. Viele seiner Gefährten taten es ihm nach und verdankten ihm somit ihr Leben. Es war eine große Schar, die nun durchnässt und halb erfroren ihr Lager aufschlug. Doch die Zeiten waren wild, Raubtiere und Goblinbanden waren auf Beute aus und machten ihnen das Leben schwer. Doch in Beoweins Schar waren tapfere Männer und Frauen und sie hielten zusammen und trotzten den Gefahren.*

*In der Morgendämmerung war es, so um die siebte Stunde, da Beowein sich mit ein paar seiner Gefährten aufmachte Wild zu erjagen, um ihrer aller Hunger zu stillen. Da ward in dem Dickicht gegenüber der aufmerksamen Jäger ein großes Getöse und Gebrumm. Ein riesiger*

*Bär brach aus dem Unterholz und hätte sich wohl direkt auf einen der Gefährten gestürzt, wäre Beowein nicht todesmutig hervorgesprungen, allein mit einem großen Dolch bewaffnet und stand dem Bären von Angesicht zu Angesicht gegenüber. Da stieß Beowein ein solches Gebrüll aus und fuchtelte mit Armen und Beinen auf solch schaurige Art und Weise, dass es einem Angst und Bang werden konnte. Die Klinge des Dolches schnitt dabei durch die Luft und zischte am Maul des Bären vorbei. Für einen Augenblick war der Bär so überrascht, dass er erstarrte. Diesen Moment nutzte Beowein, um mit seinen Gefährten das Weite zu suchen, denn er war zwar ein mutiger Mann, doch er war nicht dumm und wusste, hätte er den Bären nur mit einem Dolch angegriffen, wäre dies sein Tod gewesen. Sie rannten durch den Wald, teilten sich auf und schlugen Haken, bis Beowein allein das Brüllen des Bären hinter sich vernahm. Als er ein weiteres Dickicht durchdrang, fand er sich unvermittelt an einer Klippe wieder. Der einzige Ausweg, den er noch sah, war der Sprung vom Fels, hinein in die Strömung zwischen Wasserfall und See, in der Hoffnung die Insel zu erreichen, die keine Meile entfernt zwischen Nebel und Gischt verborgen schien. Wieder rissen ihn die Wasser mit sich, wieder kämpfte er gegen die Fluten, wieder erlangte er das rettende Ufer. Vollkommen erschöpft vom Ringen mit den Gewalten schleppte er sich noch einige hundert Schritt bis ins schützende Gesträuch und schlief dort ein.*

*Als er erwachte war es bereits weit nach Mitternacht. Reif bedeckte seinen Leib und seine Wimpern waren mit weiß geflocktem Frost besetzt. Kälte kroch in seine Glieder. Am Horizont dräute schon das erste Licht des Tages. Um ihn stieg Nebel in kalten Schwaden vom Boden auf. Ein diffuses Licht wie durchscheinend schimmerndes Tuch setzte ein und ließ ihn sich erstaunt erheben. Beinahe war es ihm, als sei er in eine andere Welt versetzt. Um ihn herum herrschte eine solche Stille, dass er meinte seinen eigenen Herzschlag zu hören. Kein Rascheln, kein Vogelzwitschern, kein einziger Laut drang an sein Ohr. Der Ne-*

*bel wurde so kalt und dicht, dass er die eigene Hand nicht mehr vor Augen sah. Vorsichtig machte er einen Schritt nach dem anderen in die Richtung, in der er den nächsten Baum wähnte. Kaum hatte er jedoch einige Schritte getan, vernahm er eine Stimme, so eisig klar, frostklirrend dunkel und gestreng, dass es ihn wie ein Hagelsturm durchfuhr. Und der Nebel gefror vor ihm zu einer Fläche aus blauem Eis und in diesem Eis bildete sich das Gesicht eines Wesens, so rein und schön, so furchterregend und anziehend zugleich, dass es außerhalb jeglicher Vorstellungskraft liegt.*

*„Schaue mein Antlitz und höre meinen Willen. Ich, Firun, Herr über Eis und Kälte, habe dein Herz geschaut und es für rein befunden. Hiermit gebiete ich dir, meinen Namen unter Deinesgleichen zu verkünden und an dieser Stelle eine Stätte zu errichten, mir zu Ehren."*

*Trotz seines übermäßigen Staunens und Wunderns ward Beowein beseelt von solcher Ruhe und Kraft, dass er ob dieses überderischen Wirkens sofort vor dem Gotte niederfiel und ihm versprach was er gebot.*

*Als er den Kopf wieder hob, waren Eis wie Nebel gleichsam verschwunden. Einzig zwei mannshohe Stelen aus weißem Horn ragten über ihm auf.*

Es war im Jahr 340 v.BF, dass Beowein und seine Schar um diese Stelen eine Halle errichteten und die dort von ihnen gegründete Siedlung Tralupum nannten, das heutige Trallop. Beowein wurde zum ersten Schultheiß ernannt und herrschte bis zu seinem Tod im Jahr 286 v.BF viele Jahrzehnte gerecht und weise, aber mit strenger Hand.

Im Lauf der Jahre und Jahrhunderte wuchsen die vormals mannshohen Stelen bis zur heutigen Größe fast unter das Dach des Tempels. Die schlichte und glatte Oberfläche ist heute voll von scheinbar eingeritzten Tieren. Sollen diese Tiere in früheren Zeiten

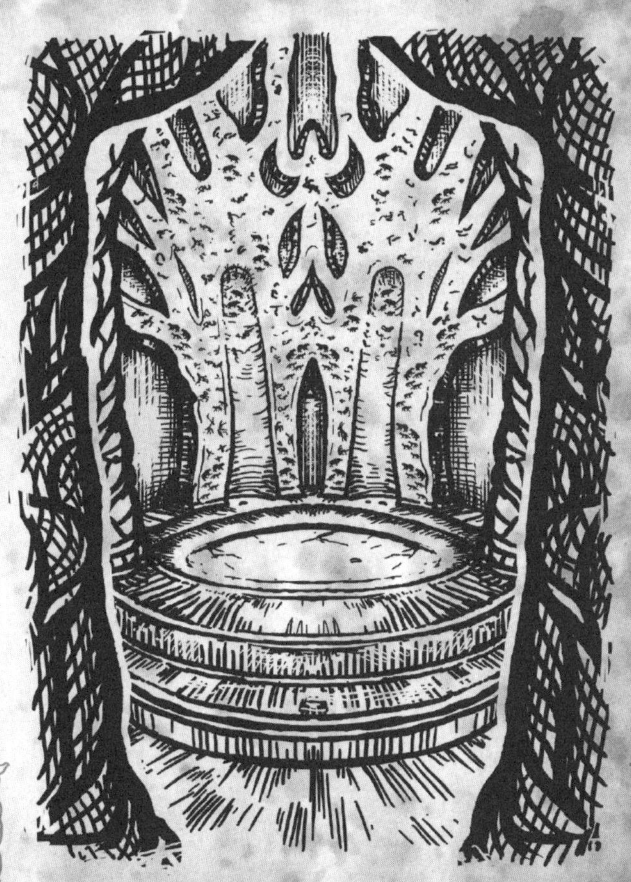

hauptsächlich riesige Bären und Wölfe gewesen sein, so tummelt sich heute die ganze Vielfalt der derischen Fauna auf den, auch im Durchmesser gewachsenen, Eisigen Stelen. Berührt man die Oberfläche, so merkt man, dass sie eiskalt ist, als läge eine Schicht aus gefrorenem Reif darüber. Ganz oben auf der Stele links vom Eingang sieht man Firuns Wilde Jagd abgebildet. Auch hier haben sich einige Tiere versammelt, die sie zu begleiten scheinen. Einige sind mit einer Art Markierung versehen, manche scheinen langsam zu verblassen, aber immer wieder tauchen neue Tiere auf, ändert sich das Bild, scheint sich zu drehen, zu bewegen.
Eine Mutprobe unter den Jugendlichen von Trallop ist es, die Zunge auf eine der Stelen zu legen und so schnell zurückzuziehen, dass sie nicht festfriert. Dabei soll bereits jemandem die Selbige abgefroren sein.

## Der Hängende Gletscher

*Heulend fegt der eisige Wind durch die hohen Säulen aus uraltem dunklen Eis. Bis auf den immerwährenden, an- und abschwellenden wölfisch hohlen Gesang und dem hallenden Klang der eigenen Schritte, herrscht Stille. Ein diffuses und doch stetes eisblaues Leuchten begleitet den Pilger durch das Labyrinth aus tiefen Spalten und verwirrenden Gängen. Spiegelungen im Eis irren die Sinne und gemahnen den Gottesfürchtigen zu äußerster Vorsicht.*

Verborgen in der schwarzen Sichel am Rande eines schwierig zugänglichen und wenig bekannten Hochplateaus, thront eines der wichtigsten Heiligtümer des Eisigen Herrn. 250 Schritt weit erhebt sich das blaue Eismassiv des Hängenden Gletschers über die Köpfe der Pilger am Eingang des Tempels. Ein gefrorenes Monument göttlichen Wirkens, wie ein in einem einzigen Augenblick zu Eis erstarrter Wasserfall. Den Eingang ziert ein Tor aus, mit

Eis überzogenem, schwarzem Fels, auf dem mit bloßem Auge nur schemenhaft zu erkennen archaisch anmutende Jagdszenen abgebildet sind. Manche mögen in ihnen nur einfache Symbole urtümlichen Jagens erblicken, andere glauben daraus auf den Kampf der Wilden Jagd Firuns mit seiner Beute schließen zu können. Begibt man sich ins Innere des Tempels, so gelangt man in eine wirre Anordnung aus Kavernen, Gängen, hallenartigen Höhlen und Tunneln. Alles überzogen mit einer dicken Schicht aus Eis, durchsetzt mit nachtschwarzen Spalten, scharfen Kanten gesplitterten Eises und deckenhohen Säulen aus dem heiligen Element des grimmen Herrn.

*Ist somit Firun nicht viel mehr als Herr des Eises, ist er nicht eher Bewahrer allen Lebens, als Einziger unerbittlich im Kampf gegen die Finsternis? Er, der als Erster der Zwölfe den Kampf gegen den namenlosen Frevel auf Dere aufnahm und bis heute führt. Er, der sein alveranisches Reich zum Schutz über Dere gebreitet hat, auf dass die Schatten auf ewig gebannt sind unter dem Eis.*

Und tatsächlich gibt es etliche Legenden und Sagen davon, dass unter dem blauen Eis des Hängenden Gletschers im hohen Norden, am Fuße Sokramors der Schwarzen, dort wo der Grimme ein Labyrinth mit eisiger Hand erschuf und den festen Griff niemals lockert, ein Teil jenes Vielleibigen Ungeheuers ruhen soll, welches in der erst kürzlich aufgekommenen Finsternis erneut erwachen sollte, doch Firuns Gefängnis nicht fliehen konnte.

## Asainyf

Es gab eine Zeit in meinem Leben, da hatte ich alle Hoffnung fahren lassen. Mein einziges Interesse galt dem Kampf der Daimonischen, und koste es auch mein Leben. So machte auch ich

mich auf, den Asainyf zu erreichen, das eisige Schwert Firuns. Doch nicht nur als Pilger ging ich, sondern vielmehr voller kaltem Zorn und eisiger Wut über die Frevler und Paktierer, die das Land meines Herrn zu ihrem zu machen suchten und die Reinheit pervertierten, die er erschaffen hatte. Der Weg, den ich wählte sollte mich über Bjaldorn führen, ins Eisreich Gloranas, wo ich hoffte den armen Seelen am Rande des Abgrunds ein Licht auf dem richtigen Pfad zu sein und auch die ein oder andere Ausgeburt der Niederhöllen dorthin zurückzuschicken woher sie kam.
Das Grauen zu schildern, das mir auf jener Reise begegnete, die Abgründe der menschlichen Seele zu schauen, die Pervertierung des Lebens zu erblicken, hat mich als Geweihten des Grimmen Gottes nur in meinen Ansichten bestärkt. Manches Leben verdient es nicht, auf Dere zu wandeln.
Als ich schlussendlich den Firunsfinger erreichte, erschien mir der Rest des Weges wie ein Weg zur Reinheit. Jede Meile brachte eine tiefere Ruhe und Klarheit in meine Gedanken. Mit jedem Schritt den ich tat, kam ich meinem Gott näher. Die steilen, zerklüfteten Hänge, die tiefen Schluchten und Spalten des Bergmassivs wirkten wie alte Freunde, die mich vor eine Herausforderung stellten, der ich voll Freude entgegensah. So begann ich den Berg zu erklimmen. Ab und an durchfuhr ein lautes Ächzen das überfrorene Gestein und die Hänge bebten. In diesen Augenblicken klammerte ich mich an den nackten Fels wie an eine Geliebte und hoffte, sie würde mich nicht von sich stoßen. Der eisige Wind, der an meiner Kleidung zerrte, reinigte Körper und Geist. Stück für Stück entledigte ich mich ihrer mit Freude, bis ich bar jeglicher Last den Gipfel erreichte und vor Kälte und Erschöpfung zusammenbrach.
Ich kann im Nachhinein nicht mehr genau beschreiben was mit mir geschah. Ich weiß nur, dass ich an jenem Tag auf dem Asainyf auf gewisse Weise starb und neu geboren wurde.

Ein Nachhall des Geschehenen blieb jedoch zurück. Manchmal wandere ich im Traum mit bloßem Körper über eine Fläche aus Eis. Nebelfetzen wie wirbelnde Schatten aus Schnee und Firn begleiten meinen Weg. Sie nehmen die Gestalt eines Wolfes an, die von Hunden, einem Hirsch, Adler, Fuchs und Löwe. Ich weiß nicht ob sie mich treiben, mir folgen, oder mich begleiten. Der Hall eines Horns klingt in meinen Ohren, gleichsam fern wie nah. Ein Schwan fliegt auf mich zu, weiß, majestätisch, strahlend. Federn umhüllen mich, eine kribbelnde Wärme durchströmt meine Glieder, als würden sie aus einer Starre erwachen. Dann beginnt der Schmerz und der Traum endet.
Damals befand ich mich auf dem Gipfel des Asainyf, heute erwache ich in meinem Bett. Doch jedes Mal, damals wie heute, erfüllt mich ein innerer Friede, der mir Kraft und Ruhe schenkt für die Aufgaben, die vor mir liegen.

## Die Ärögrotte

Kurz vor Menzheim, in einem dichtbewachsenen Waldgebiet gelegen, befindet sich eine natürliche Kalksteinhöhle im Fels, die bereits seit Generationen dem Wintergott geweiht ist. Betritt man die größte der Höhlen, die Echohalle, so kann man ein Naturschauspiel aus Eissäulen und Eiszapfen bewundern, die bei jedem Schritt in klirrende Schwingung geraten, wenn das leise Geräusch hundertfach verstärkt von den Wänden zurückgeworfen wird. Der Boden ist mit Geröll, wie von etlichen Steinschlägen bedeckt. Wer hier seine Zunge nicht im Zaum zu halten vermag kann leicht Opfer eines Steinschlags oder herabstürzender Eiszapfen werden. Der Firunaltar selbst steht in einer kleineren Kaverne, in die man durch einen angrenzenden Raum gelangt, dessen Decke bereits eingestürzt ist.

Eine große, grob behauene Steinplatte mit eingeritzten Hirschen in verschiedenen Posen liegt hier auf drei eindrucksvollen, zurechtgestutzten Stalagmiten. Zwei steinerne Bärenstatuen und ein mit einem Bergkristall besetzter Ritualdolch sind der einzige Schmuck und unterstreichen die natürliche Schlichtheit dieses Firunheiligtums.

## Das Nordlicht

Das Nordlicht; Eisige Flammen des Himmels, Wanderers Hoffnung. Ist es die milde Ifirn, die durch das Farbenspiel des nördlichen Himmels die Göttin des Lebens und die Schönheit an sich ehrt, ist es Firun, der die Pracht glitzernden Eises an das Firmament bannt, um Ehrfurcht zu wecken? Beides steigt in dem Wanderer auf, der sich unter dem Glanz des eisigen Firmaments wiederfindet und beides ist wahr. Ebenso wahr ist die Vorstellung, es handle sich um eine Spiegelung der kristallenen Mauern um Ifirns Palast, die durch die Sphären scheint. Hier offenbart sich die Milde den Sterblichen, hier steigt sie herab aus den alveranischen Gefilden, um ihre Schwingen über Dere zu breiten und unter den von ihr erwählten Geschöpfen zu wandeln.

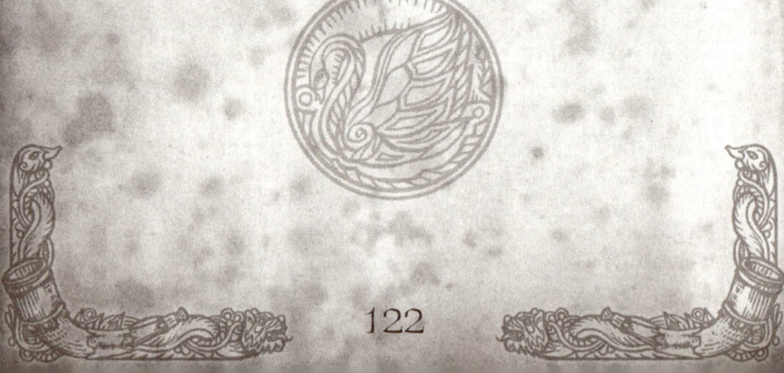

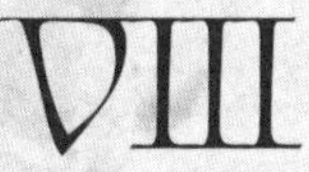

# VIII

# Einsamer Wildwechsel oder Jagdgemeinschaft

Die Zusammenarbeit beider Kirchen, Firun und Ifirn, ist nichts, das als Pflicht oder Regel irgendwo festgeschrieben steht. Vielmehr ist es, als trage jeder Firungeweihte eine natürliche Zuneigung für Ifirngeweihte in sich und umgekehrt. So wie Vater und Tochter sich lieben und beide Aspekte zusammen gehören, sich aber dennoch vollkommen unterscheiden.
Für mich als Firuni ist es dennoch nicht einfach, die Wege zu begreifen, geschweige denn die Art des Handelns und Denkens zu erfassen, die Ifirngeweihten innewohnt. Milde, Zuversicht und Toleranz, mit denen eine Geweihte der Schwanengleichen durchs Leben schreitet sind es, die sie so beliebt in der Bevölkerung machen. Ihr Gemüt ist wie ein prasselnder Ofen, der jeden wärmt, der darum bittet. Ihre Herzlichkeit ist es, die jedes noch so düstere und grimmige Antlitz in ein Lächelndes verwandeln kann.
Ifirn, die Milde, so wird die schöne Göttin in der Bevölkerung genannt, und so wird sie erfahren. Firun jedoch nennt man den Grimmen oder Isegrein, der Weiße Jäger. Dieser Beiname ist nicht nur auf Schnee und Eis zurückzuführen, sondern spiegelt die Angst der Bevölkerung vor dem ebenfalls mit diesem Namen versehenen Wolf wieder. Isegrein, weißer Jäger, lautlos unbarmherzig, tödlich. Auch vom Herrn Firun herrscht dieses Bild vor und es ist wahr, denn seine Beute jagt er auf eben diese Weise.
Keiner der beiden kommt jedoch ohne den anderen aus. Ohne die eisige Strenge des Vaters gäbe es kein Überleben, ohne die Wärme der Tochter keine Hoffnung auf Sein, keinen Grund voranzuschreiten.

Doch außer Ifirn gibt es noch zwei weitere Götter und deren Geweihte, denen Firun in besonderem Maße nahe steht, denn sie kämpften zusammen um den Einzug nach Alveran und gelten als brüderliches Trio.

In diesem Reigen steht Firun zwischen Efferd als dem Ältesten und Ingerimm als dem Jüngsten der Drei. Doch anders als die beiden Brüder hat Firun gelernt, seinen Zorn zu zügeln und sich aus Streitigkeiten herauszuhalten.
Ähnlich ist auch das Verhältnis der Geweihten untereinander. Während Efferdgeweihte als launisch und rechthaberisch gelten und sich als Ursprung aller Dinge verstehen, die Geweihten des Ingerimm in jeder Lage Recht und Respekt hitzköpfig zu erarbeiten suchen, verhält sich ein Firungeweihter zurückhaltend und wartet lieber das Ergebnis ab.
Doch sollte man einen Geweihten des Firun nicht leichtfertig unterschätzen, denn es ist niemals klug jemanden zu reizen, der ein einmal gefasstes Ziel nicht mehr aus den Augen verliert und den Willen, das Wissen und die Fähigkeit besitzt, es zu erreichen.

Ein besonderes Verhältnis haben die Geweihten auch zu ihren Brüdern und Schwestern, die dem Herren Boron dienen, denn der Herr des Todes ist im Eis allgegenwärtig und ihm gebührt der größte Respekt.

## Die Kinder des Frosts

Die Firunkirche unterscheidet sich in ihrer Struktur ganz erheblich von den anderen Kirchen, denn außer dem Weißen Mann, dem von Firun selbst ernannten Führer der Kirche, gibt es, außer den Tempelvorstehern, kaum eine festgefügte Hierarchie.
Es gibt jedoch zwei vollkommen verschiedene Ansätze, um zu dienen, die Wanderer und die Hüter der Jagd.
Viele Wanderer, zu denen auch ich mich zähle, wandern allein durch die Wildnis. Meist begleitet von einem treuen Gefährten.
Ein Wanderer ist ebenso passionierter Jäger, als auch Überlebens-

künstler. Der Drang, allein in die Wildnis zu ziehen ist bei vielen von uns besonders stark ausgeprägt. Es scheint fast, als würde uns die Sesshaftigkeit widerstreben. Dies gilt allerdings hauptsächlich für die Firungeweihten der nördlichen Gegenden. Unser Gemüt möchte ich als ein wenig kälter beschreiben. Wir suchen unsere Zuflucht häufig in der Abgeschiedenheit und machen uns nichts aus weltlichen Gütern. Meditation, Askese und die unberührte Natur bringen uns unserem Gott näher.

Es entscheiden allein Können und Wissen über die Anerkennung, die dir gezollt wird. Hierbei ist es schon oft vorgekommen, dass Meister und Schüler sich durchaus ergänzen, und dem Schüler auf seinem Gebiet bereits während der Lehrzeit mehr Achtung entgegengebracht wird als dem Lehrmeister. Auch gibt es zwischen uns keine Eifersucht und keinen Groll darüber, wenn jemand sein Handwerk besser versteht als man selbst, allenfalls einen gesunden Wettbewerb zwischen zwei beinahe gleichstarken Konkurrenten oder den Eifer dem Besseren nachzustreben und von ihm zu lernen. In der Natur kann man sich keinen falschen Neid erlauben, hier zählt nur das Ergebnis.

So wie uns Neid und Missgunst fremd ist, so leid sind wir es, diese auf Dauer zu ertragen. Doch überall dort, wo Menschen zusammenkommen, ist solcherlei nicht weit. So ist unsere Wanderung auf weiten Strecken nur von Wind und Schnee begleitet und führt uns gerade in diesen Zeiten näher zu unserem Gott.

So bleibt wohl auch die Anzahl der Wanderer im Dienste des Alten vom Berge immer ungewiss, denn nicht Wenige leben so abgeschieden, dass niemand von ihrer Existenz weiß.

Während diese Firunis vor allem in den nördlichen Breiten zu finden sind, und den einsamen Pfad für sich gewählt haben, kann man die Hüter der Jagd besonders in wärmeren Gefilden und am Hofe Adliger antreffen, wo sie oft auch als Jagdmeister bekannt sind.

Ihr Gemüt und ihre Präsenz, sowie ihre Stellung in der Gesellschaft unterscheiden sich erheblich von denen der Wanderer. Häufig haben sie mindestens einen tierischen Begleiter, der mit ihnen zieht und sie auf der Jagd, sowie ihren ausgedehnten Wanderungen durch Wald und Feld unterstützt. Die absolute Einsamkeit ist ihnen zwar nicht fremd, doch müssen sie sie gezielt suchen. Ihr Überlebenswille jedoch und ihre Loyalität sind unübertroffen.

Bei ihnen entscheidet auch der Rang des Adligen, der sie beherbergt, über das eigene Ansehen. Der Jagdmeister eines Grafen gilt also im allgemeinen als fähiger als der eines Barons. Natürlich ist dies nicht immer der Fall, kann doch auch ein Hüter der Jagd, der keinem Herrn außer dem Grimmen dient, einen besonderen Ruf durch seine Taten erlangen.

Während ein Wanderer kaum auf die Idee kommen würde sich als Führer anzubieten, so er nicht dazu aufgefordert wird, sind die Jagdmeister Firuns oftmals schneller bereit sich einer Gruppe anzuschließen, die ihre Hilfe braucht. Auch ist ihr Gemüt eher von Hilfsbereitschaft geprägt, während sich bei den Wanderern eine Bereitschaft zur Hilfe eher in Kampfhandlungen denn in Fürsorge wiederspiegelt.

Auch bei den Hütern der Jagd sind viele wohl mehr als einfache Jäger, Fährtenleser und Abenteurer bekannt, als dass man sie gleich als Geweihte Firuns erkennt. Gerade durch das zahlenmäßige Gefälle von Nord nach Süd gibt es jedoch ganz entscheidende Unterschiede in der Ausrüstung und den Gepflogenheiten.

## Die Wanderer

Die Ausrüstung eines Wanderers ist sein Ein und Alles. Sie ist es, die ihm das Überleben sichert und die erfolgreiche Jagd beschert. Nichts ist so wichtig wie das richtige Werkzeug und dessen Pflege und Einsatzbereitschaft.

Hierbei sind es ausschließlich profane Dinge, die von Bedeutung sind. Nicht etwa ein besonders geweihter Gegenstand ist es, der den Unterschied macht, sondern ganz einfache Sachen, wie Fett, Seil, Messer, Feuerstein und Stahl, Schleifriemen, Nadel und Faden, ein guter und leicht zu tragender Rucksack, dessen Riemen nicht einschneiden, Ersatzsehnen für den oder die Bögen, und vieles mehr, vor allem aber das Wissen um den richtigen Umgang mit all diesen kleinen Dingen. Ich will an dieser Stelle eine kleine Einführung geben, welche Maßnahmen man ergreifen kann, damit die Ausrüstung auch noch im tiefsten Winter, bei eisigen Temperaturen oder nach längerem Nicht-Gebrauch einsetzbar bleibt.

Dass Waffen geölt und gefettet werden müssen, damit sie nicht in der Scheide festfrieren, sollte inzwischen jedem bekannt sein. Dass jedoch jede Form des tierischen oder pflanzlichen Materials einer ebensolchen Pflege bedarf, ob nun Kleidung, Bogen und Sehne, Hanfseil oder einfach nur das Ersatz-Schleifband, ist nicht ganz so geläufig. Doch wenn man vermeiden möchte, dass das ehemals lebendige Material spröde und rissig wird, so muss man es fetten.

Ein Schleifstein in der Kälte ist zum Bespiel vollkommen sinnlos, da man zum Schleifen der Waffen auf ihm Wasser benötigt. Dringt dieses Wasser jedoch in den Stein ein und gefriert, so birst der Stein und wird unbrauchbar. Zu empfehlen ist also in diesem Fall ein ledernes Schleifband. Vor allem auch schon deshalb, weil es leichter ist als ein Stein. Der Feuerstein, so man ihn mit sich führt ist also ebenfalls trocken zu halten. Man wickelt ihn am besten dazu in Segeltuch oder ähnlich wasserabweisendes Material. Ebenso von Nachteil ist es, wenn der Feuerstein und der Stahl mit eingefetteten Gegenständen in Berührung kommen. Es dauert ewig das Fett wieder herunter zu bekommen.

Wichtig und mir vollkommen unerklärlich, warum dies bei vielen Reisenden scheinbar nicht bekannt ist: Der Bogen gehört nach jedem Gebrauch entspannt. Will heißen, wenn man fertig ist mit Schießen und kein weiterer Schuss in absehbarer Zeit erfolgen soll, so löst man die Bogensehne von mindestens einem Ende des Bogens und verwahrt sie so, dass sie geschmeidig bleibt. Bei wahrer Kälte bedeutet dies manchmal, sie auf der Haut unter der Kleidung zu tragen. Niemals – und ich meine wirklich niemals – trägt man den Bogen in gespanntem Zustand über der Schulter, in der Hand oder gar an der Sehne gepackt mit sich herum.

In Eis und Schnee ebenso wichtig und oft vergessen oder ignoriert, ist die sogenannte Schneemaske. Aus Tuch oder Leder leicht selbst herzustellen, besteht sie aus einer Augenbinde oder zumindest einem Stück, welches die Augen bedeckt und die Nasenlöcher frei lässt. In diesem befinden sich zwei schmale Schlitze zum Sehen, die jedoch durch den verringerten Lichteinfall verhindern, dass die gleißende Helligkeit auf den weiten, weißen Ebenen zur berühmten Schneeblindheit führt.

Nicht zu vergessen ist natürlich auch die Suche und das Aufschlagen eines sicheren Nachtlagers. Ab von den sonstigen Möglichkeiten wie Höhlen, Zelten (so man Packtiere mit sich führt), und ähnlich durch Abschirmung geschützten Lagern gibt es in Schnee und Eis häufig keine andere Möglichkeit als die Improvisation. Hier gilt es, die unwirtlichen Elemente für sich zu nutzen. Ein Unterstand aus Decken und Fellen, von einem Stab gestützt und mit angehäuftem und fest gedrücktem Schnee verankert, ist nur ein der einfachsten Varianten für ein wenig Schutz vor Kälte und Schneefall. Eine Schneekuhle, ein Iglu, Sicheingraben, alles Möglichkeiten die umgebenden Elemente zu seinem Vorteil zu nutzen.

Doch nichts geht über einen erfahrenen Führer, wenn man sich in solche Gefilde vorwagt, ohne sie zu kennen, es sei denn man hat mit dem Leben bereits abgeschlossen. Doch in einem solchen Fall braucht man sich auch nicht weiter um seine Ausrüstung sorgen.

Zur speziellen Ausrüstung eines Geweihten gehört natürlich noch das Firunshorn. Es ist dem Grimmen geweiht und dient dazu zur Jagd zu rufen, Feinde zu warnen, oder auch die Freunde zum Rückzug zu ersuchen, wenn nötig. Einem Wanderer ist es von ganz besonderer Bedeutung, nicht umsonst sind wir nach Firuns Horn selbst benannt.

Jeder Wanderer besitzt außerdem den Pelz oder das Federkleid seines Weihetiers. Jenes Tiers, das ihn bei seiner Prüfung zum Geweihten bis aufs Blut gefordert und das, von Firun selbst erwählt, am besten zu seinem Wesen zu dienen passt. Jenes Kleid behält der Geweihte fortan nicht nur als Trophäe, es dient auch als Bindung zwischen der eigenen Gestalt und der des Tieres, die er mittels Liturgie anzunehmen vermag. Es wird immer am Körper getragen und ist Teil der Kleidung. Selbst wenn ein Firuni dieses Zweiges sich für ein bestimmtes Ritual gänzlich entkleiden sollte, das Gewand des Gefährten wird dennoch getragen.

## Die Hüter der Jagd

Ein Hüter der Jagd ist normalerweise nicht darauf angewiesen, seine gesamte Ausrüstung sorgsam zu pflegen, um sein Überleben zu sichern. Wichtig für ihn ist besonders seine bevorzugte Waffe. Ein Bogen wäre vermutlich von einem berühmten Bogenbauer, mit besonderer Führung, Schussweite, außergewöhnlichen Pfeilen oder gar mit Initialen versehen etc. Es gibt viele Varianten, die vorstellbar sind. Fest steht, die Hauptwaffe eines Hüters der Jagd ist immer ein ganz besonderes Einzelstück.

Auch die Gewandung ist weniger zweckdienlich, als vielmehr dem gesellschaftlichen Ton angepasst, wenn auch jägerlich. Firunshorn und Gewand des Gefährten besitzt er zwar, sie sind ihm aber nicht so heilig und auch nicht so extrem in die alltäglichen Rituale eingebunden, wie bei den Wanderern. Seine Kenntnis von Wildnis beschränkt sich meist auf den von ihm bewohnten Landstrich, das eigene Territorium, der sich weniger aus Tundra und Eiswüste, denn aus Wald und Wiesen zusammensetzt. Seine Bleibe sind das eigene Quartier oder die gemütliche Herberge, weniger jedoch die freie Natur, wenn er diese jedoch durchaus zu schätzen weiß. Doch auch den Hüter der Jagd zieht es immer wieder hinaus in die Wildnis, wo er die Freiheit noch erspüren kann. Häufig geht er auf die eigene Pirsch, durchstreift das Revier und sieht nach dem Rechten. Der Bevölkerung geht er dabei so gut es geht aus dem Weg, denn auch der Jagdhüter liebt die stille Zweisamkeit mit der Natur und dem Gott.

## Die Geschwister der Tiere

Die Kirche der Milden Ifirn ist bei weitem besser strukturiert als die des Firun. Viele der Geweihten kennen sich untereinander, besuchen sich gegenseitig oder betreiben anderweitige Korrespondenz. Trotz der wenigen Tempel finden sie immer wieder Orte an denen sie zusammenkommen, um beispielsweise den Beginn des Frühlings zu zelebrieren. In Weiden und Tobrien ist es vor allem Ivrain ní Catholainn, die sich um die Gemeinschaft kümmert, im Bornland und dem Hohen Norden folgt man dem Ruf Nidaria Schwanenflugs und natürlich der Ifirnstochter Iloïnen. Auch andernorts gibt es immer einen Vertreter der Kirche, der sich um deren Belange, wie die alljährlich wiederkehrenden Rituale und die Bedürfnisse der Gläubigen kümmert. Auch ziehen die Ifirngeweihten nicht Monate oder gar Jahre durch die Lande, sondern haben häufig einen Haushalt, ein Dorf, eine Stadt, einen besonderen Platz, einen Schrein oder gar Tempel, dem sie sich zugehörig fühlen und in dem sie, anders als die nimmermüden Wanderer Firuns, häufig anzutreffen sind.

Die Ausrüstung einer Ifirngeweihten ist der eines Firunis nicht unähnlich. Auf Reisen trägt sie meist praktische Jagd-Gewandung aus braunem, bisweilen auch grauem Leder, aber selten Weiß. Bei offiziellen Besuchen oder einer Andacht hingegen wird oft ein Gewand aus weißem, eisblauem, manchmal auch hellgrauem Stoff getragen. Ob dies jedoch der Jagdkleidung angelehnt ist, oder gar ein Ornat mit Ärmeln, die Schwanenflügeln gleichen, hängt ganz von den Vorlieben der Geweihten ab.
Der *Schwanenrufer*, oder kurz *Rufer*, ist einer Geweihten der Milden das, was dem Firuni das Firunshorn. Er klingt, ganz wie der Name schon sagt, wie der Ruf des Schwans, ähnlich dem Röhren eines Hirschs, nur ein bisschen verschnupfter.
Die Waffen der Ifirngeweihten sind das Jagdmesser und auch der Bogen, wobei sie weniger Jägerin ist als Priesterin. Eine kleine Tasche aus Leder, mit Material zum Versorgen von Wunden, Erfrierungen und Vergiftungen gehört ebenso zu ihr wie geweihte Schale und Knochenmesser aus den Gebeinen ihres Weihetiers, letzteres meist nicht größer als ein Zeigefinger, welche sie für die alltäglichen, aber auch besonderen Rituale nutzt. Diese ersetzen jedoch nicht das Gewand des Gefährten. Die Geweihten der Ifirn hingegen tragen oft nur ein kleines Stück davon am Körper. Häufig ist es ein breites Band aus Leder oder Fell, das um ihren Hals, dem Handgelenk oder dem Oberarm liegt, manchmal auch mit einer kleinen Schwanenfeder oder Daunen daran. Einige führen ein kleines Buch mit sich, indem sie ihre Eindrücke von Natur und Menschen darstellen, oft auch in Form von Zeichnungen.

*„Wenn man der Not Gesicht und Namen gibt, ist es schwerer sie zu ignorieren. Dieses Buch ist für jene, die sich ihres Wohls allzu sicher sind."*
*—Jadwin Trebelsen, Ifirngeweihter aus der Nähe von Abilacht*

## Heilige Tage

### Der Tag der Jagd (1. Firun)

Am Tag der Jagd beginnt die Hatz auf den gemeinen Wolf. Im Norden, wo es immer kälter wird und die Rudel kaum Nahrung finden, ist es ein notwendiger Brauch, um die Schaf- und Ziegenherden vor den hungrigen Mäulern der wilden Tiere zu bewahren.

Firun- und Ifirngeweihte gehen von Haus zu Haus und zeichnen die Schwellen mit dem Blut des Wolfs, auf dass die Gläubigen vor Firuns Wilder Jagd geschützt sind. Doch es ist nicht der Schutz vor der Wilden Jagd selbst, sondern vielmehr vor dem, das sie jagen, welchen die Geweihten von ihren Göttern für die Bewohner erflehen. An jedem Haus, jeder Hütte bitten sie um Schutz und Gnade des Gottes und die Milde seiner Tochter für die Behausung und deren Bewohner und bitten um Gelingen der Jagd.

Wer nicht an der Hatz teilnehmen kann, beteiligt sich am Fang und der Ankettung des *Winterunholds*. Meist ist es eine Strohpuppe, die von einigen auserwählten Kindern des Dorfs hergestellt und im Rahmen eines Umzugs auf dem Dorfplatz aufgestellt wird. Unter lautem Juchzen und Getöse, binden die Kinder die Puppe an einen hölzernen Pfahl und tanzen im Kreis um den Gebundenen. In vielen Regionen tragen die Teilnehmenden fratzenhafte Masken, die dazu dienen sollen, die Wintergeister zu verschrecken und auszutreiben.

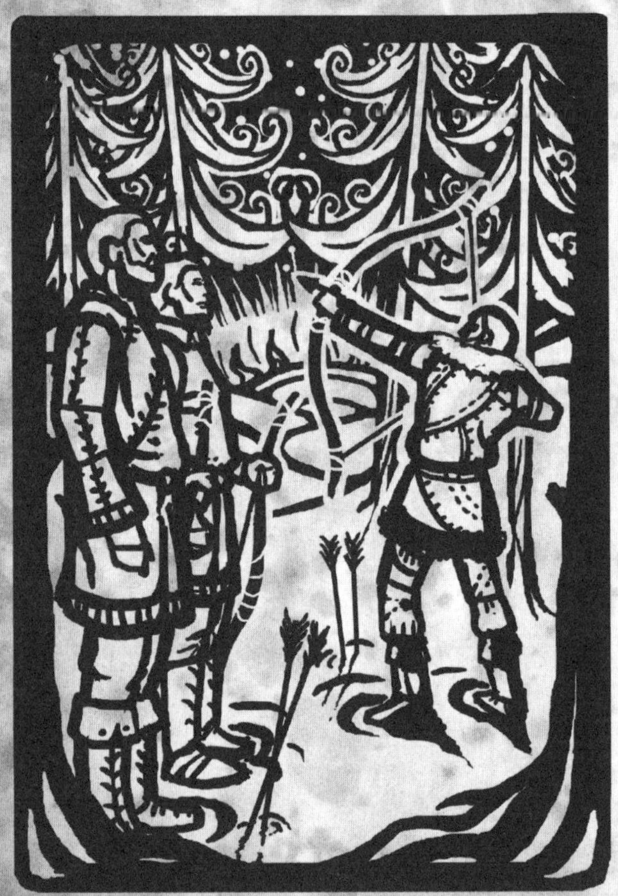

*»Es war ein Gefäß aus den gemahlenen Knochen eines Wolfs und gebranntem weißen Ton, das die Ifirngeweihte gemessenen Schrittes vor sich her trug. An jedem Haus blieb sie stehen, tauchte, mit geschlossenen Augen und einem gemurmelten Gebet auf den Lippen, Mittel- und Zeigefinger der linken Hand in das Gefäß und träufelte von dem Inhalt auf die Schwelle der Eingangstür. Während sie dies tat sprach sie mit sanfter, aber bestimmter und verständlicher Stimme zu den Bewohnern.*

*„Mögen Firuns Häscher an diesem Haus vorbeiziehen, denn nichts Dunkles ist herinnen und soll von heute an bis zum nächsten Jahr über diese Schwelle gelangen. Möge die Milde der Herrin und die Gnade des Vaters auf allen weilen, die dieses Heim das ihre nennen. Hierfür das Blut des Wolfs als Pfand und Siegel. Möge der Geist des Opfers schützen und wachen."*

*Später erfuhr ich, dass das geweihte Wolfsblut in dem Gefäß auch bei eisiger Kälte nicht gefrieren soll, bis alle Häuser damit gekennzeichnet sind. Und tatsächlich schien es, als sei das Blut an den Fingern der Geweihten immer frisch und perlte vollständig ab, während es von der Schwelle beinahe aufgesogen zu werden schien.*

*Während ich diesen Brauch beobachtete, schien mir alles seine Richtigkeit zu haben und gut zu sein, doch wenn ich heute so darüber nachdenke, so ist es mir nicht ganz geheuer. Seither habe ich vielen Opfern für den Gott des Eises und des Schnees beigewohnt und muss sagen, dass ich alleine bei dem Gedanke erschauere jenem grimmen Herrn dienen zu wollen, oder seinem Willen unterworfen zu sein.*

*Da lobe ich mir einen Schluck guten Weins und den angenehmen warmen Abendwind, der noch bis in den späten Herbst über die Terrasse meines Hauses weht und möchte diesen auch bis ins Grabe nicht mehr missen.«*

—Geschichten aus dem Norden, *Quartband, Privatsammlung*

## Der Tag des Hirschs (11. Firun)

Dieser Feiertag ist zwar als Feiertag selbst sehr verbreitet, das eigentliche Ereignis jedoch findet allein in Bjaldorn statt. Das zeremonielle Abschießen von 76 Pfeilen gen Firun zu Ehren des Heiligen Mikail beginnt im Morgengrauen mit dem Aufgang der Praiosscheibe und endet mit dem Abschuss des 76. Pfeils beim letzten Sonnenstrahl. Die Anzahl der Pfeile steht symbolisch für die Anzahl der Götterläufe, in denen es dem Heiligen Mikail noch gelang einen Firunshirsch, nur mit Bogen und Dolch bewaffnet, zu erlegen.

*Und so machten wir uns auf nach Bjaldorn zu pilgern, um mit einigen anderen Gläubigen dem Abschuss der 76 Pfeile gen Firun beizuwohnen. So beschwerlich der Weg auch sein mochte, so hart uns der Winter auch traf, unbeirrt schritten wir weiter gen Norden, um rechtzeitig zu dem heiligen Ereignis in Bjaldorn zu sein.*

*Der Firungeweihte, der uns begleitete, sorgte mehr als einmal für unser Überleben und so waren wir trotz der bestandenen Gefahren, der Entbehrungen und den steif gefrorenen Gliedern in ausgelassener Stimmung, als wir am Nachmittag des 10. Firun Bjaldorn erreichten.*

*Erschöpft wie wir waren, bezogen wir gleich Quartier, um am nächsten Morgen, noch vor Sonnenaufgang, die letzte Etappe unserer Reise anzutreten, den Weg zum Kristallpalast.*

*Der Firuni weckte uns zu frühster Stunde. Dennoch waren wir, bis auf ein paar Nachzügler abgesehen, mit die Letzten, die den Platz vor der Eiskuppel betraten.*

*Eine große Menge an Gläubigen hatte sich versammelt, um das Ereignis zu betrachten, dennoch herrschte eine beinahe lautlose Stille, als halte die Menge den Atem an.*

*Gerade begann sich die Praiosscheibe mit rot glühenden Strahlen am Horizont zu zeigen, da vernahm ich das Sirren einer Bogensehne und das Zischen eines Pfeils. Dann sah ich ihn. In der Nähe der Eiskuppel, leicht erhöht auf einem hölzernen Podest stehend, stand der Weiße Mann, Oberhaupt der Firunkirche und Tempelvorsteher des Kristallpalasts zu Bjaldorn. Gerade ließ er den Bogen wieder sinken, von dem der erste Pfeil des Tages seinen Weg nach Norden genommen hatte. In Gruppen zu drei Pfeilen sollten 75 weitere an diesem Tag noch folgen, jeder Abschuss von ehrfürchtiger Stille begleitet. Doch nach jedem Schuss ging ein tiefes Raunen durch die Menge und die Spannung löste sich zu einem freundlichen und geselligen Beisammensein. Zum nächsten Schuss wurde die Menge durch ein Hornsignal zusammengerufen. Beim Zweiten Hornsignal trat der Weiße Mann auf das Podest und beim dritten Hornsignal trat Stille ein. Dann legte er einen Pfeil auf, spannte den Bogen und schoss.*

*Manchem Pfeil folgte ich mit den Augen. So sehr ich mich jedoch bemühte, nie sah ich einen von ihnen in seinem Flug sinken. Immer entschwanden sie meinen Blicken, noch bevor sie den höchsten Punkt ihrer Reise erreichten.*

## Der Tag der Ifirn (30. Firun)

Der Tag der milden Herrin wird überall begangen, wo der Winter hart ist. An diesem Tag wird die Weiße Maid, wie sie in Weiden genannt wird, um Milde angerufen und um ein baldiges Ende des Winters gebeten. Der feierlichen Tradition folgend, zieht zur Mittagsstunde ein Fackelzug zur Mitte des Dorfplatzes, wo ein Scheiterhaufen um den gebundenen Winterunhold geschichtet wurde. Derjenige, der bei der Jagd auf den Wolf das größte Tier erlegt hat, tritt hervor und zündet den Scheiterhaufen an, während die Dorfbewohner ihre Masken und Verkleidungen vom Tag der Jagd ins Feuer werfen. Durch die rituelle Verbrennung soll der Winter endgültig ausgetrieben und gebannt werden.

So lange das Feuer herunterbrennt feiern und tanzen die Dorfbewohner auf dem Marktplatz, bis die letzte Glut erloschen ist.

*Es war eine Freude mit anzusehen, wie die tags zuvor noch griesgrämig und missgelaunten Alten nun den Jungen beim Tanz und Spiel zusahen, ihren heißen Met nippten und sich ein Lächeln auf ihre Züge stahl, während die Hitze des Feuers in ihre kalten Knochen drang und der Met ihre Glieder von innen wärmte. Nun war das Ende des Winters nahe, dafür würde Ifirn schon sorgen, so hieß es an jeder Ecke. Das Vertrauen der Menschen reichte sogar so weit, dass sich bereits über die Saat unterhalten wurde, die ja nun bald auszubringen sei. Da machte sich die eine Frau Sorgen, ob sie es denn dieses Jahr auch schaffen würden, läge ihr Mann doch krank im Bett. An anderer Stelle wurde in Gedanken schon geerntet und der Kuchen für das* Fest der eingebrachten Früchte *geplant. Es wurde gefeiert, getrunken, gegessen und getanzt und niemand schien noch zu bemerken, dass jeder von ihnen noch mit dicken Fellmützen, Mänteln, Handschuhen und Stiefeln angetan war. Der Kummer und die Sorgen, die noch vor einigen Stunden die Herzen der Menschen umfangen hatten, schienen wie fortgeblasen. Da war keine Rede mehr vom härtesten Winter seit Jahrzehnten, kein Murren und Frösteln mehr vor Kälte, kein blassnasiges übelgelauntes Schniefen, kein Wehklagen. Für diese paar Stunden waren die Menschen glücklich und wollten es auch sein, denn dieses Fest der milden Ifirn verhieß ihnen Hoffnung auf bessere Zeiten.*

## Lehrer und Weise

### Der Weiße Mann

Mystische Legenden ranken sich um die Herkunft des letzten Weißen Mannes. Manche sprechen von ihm als einfachem Fischer, andere erzählen, er sei der verstoßene Bastard eines Adelsmanns gewesen. Viele Heldentaten werden ihm zugesprochen und einige dieser Geschichten müssen einen wahren Kern haben, denn wenn sein Verschwinden auch ebenso mysteriös war wie sein Erscheinen, so gilt es in Geweihten Kreisen als gesichert, dass er abermals von Firun selbst berufen wurde. An seiner Seite zieht er als Eisbär in der Wilden Jagd gegen Glorana und den Einfluss des Eisigen Jägers auf Dere zu Felde.

## Siras Sarosil

Der kleine Mann aus dem Bornischen ist seit Beginn des Konzils der Legat der Firunkirche im Zwölfgöttlichen Konzil wider die Finsternis zu Perainefurten. Er ist ein Großmeister der Bogenbaukunst und lässt sich für jedes seiner Kunstwerke viel Zeit.
Wenn auch untypisch herzlich und aufgeschlossen für einen Firuni, so ist er mir doch auch noch heute vertrauter Freund und Mentor.

## Ivrain ní Catholainn

Heute Prolegatin der Firunkirche, so war die Ifirngeweihte, bis zu ihrer Abberufung ins Konzil Mentorin und Lehrerin Walbirgs von Weiden.
Ihr jugendliches Aussehen, das bezaubernde Lächeln und ihre großen Augen erwecken den trügerischen Anschein von Naivität, werden jedoch begleitet von dem Wissen um manch unumgängliche, wenn auch bittere Notwendigkeit, zu der andere nicht immer bereit sind.
Nicht selten wird sie deshalb vom Konzil mit schwierigen Aufträgen betraut und fungiert als Sprachrohr zum einfachen Volk.

## Gevatter Ailgrimm

Als Vorsteher des Tralloper Firuntempels ist er gleichzeitig Hüter der *Eisigen Stelen*. Mit der Herzogenfamilie verbindet ihn nicht nur sein Wirken als Firungeweihter der Löwenburg, sondern ebenso innige Freundschaft. Eine Art väterliche Fürsorge hegt er vor allem zu Walbirg, deren Wirken und Werden er mit großem Interesse und manchmal auch mit Sorge verfolgt. In seinem Wesen und Auftreten erinnert er stark an Vater Bär aus den alten Geschichten und ist aus diesem Grund auch weithin als Vater Ailgrimm bekannt.

### Nidaria Schwanenflug

Bekannt geworden durch die *Eisrose von Jarlak*, mit der sie sowohl den verlassenen Norburger Firuntempel der Göttin Ifirn weihte, wie auch die Eiskuppel über dem Kristallpalast von Bjaldorn neu wachsen ließ, steht sie zusammen mit Iloïnen Schwanentochter an vorderster Front gegen die Machenschaften der Eishexe Glorana und Nagrachs Einfluss.

### Walbirg von Löwenhaupt

Als Auserwählte der Milden Göttin wird Walbirg von Löwenhaupt in Weiden auch als Ifirnsmaid bezeichnet. Einer Vision folgend verließ sie ihre Heimat gen Norden, um ihrem Schicksal entgegenzutreten, denn dereinst wird sie behilflich sein, die Macht Nagrachs selbst von Dere zu bannen.

## Die Zuflucht in der Öde

### Beonfirn und der Schwanenreigen

Der kleine Tempel in Beonfirn ist ein typisch Weidener Bau, der jedes Jahr am 29. Firun, dem Tag vor der rituellen Verbrennung des Winterunholds, von den bereits eingetroffenen Pilgern in Stand gesetzt wird. Im Innern des Tempels befindet sich eine Wand aus Holz, in der sich handtiefe runde Fächer befinden, in die die Gläubigen ihre auf Pergament geschriebenen Bitten an die milde Ifirn ablegen. Ivrain ní Catholainn sammelt die Wünsche jedes Jahr kurz vor der Mittagsstunde des 30. Firun und füllt damit den Bauch des Winterunholds, auf dass sie mit dem Rauch gen Alveran steigen. Sie zelebriert auch das Ritual am *Schwanenreigen*, dem mystischen Pilgerort im Ifirnstann, an dem die vier Steine der Himmelsschwäne stehen.

## Bjaldorn – Der Kristallpalast

Nichts an dem idyllischen Park mit seinem See und den Firunsfichten lässt den Anblick erahnen, der sich einem bietet, sobald man durch den Kreis aus Bäumen tritt, der um die Halle aus Kristall herum gewachsen ist.

Ein riesiges, weit aufklaffendes Bärenmaul lässt einen im ersten Moment erschrocken zurückweichen, bis der Verstand über den Instinkt siegt und man es als das erkennt was es ist, das Eingangsportal zum Kristallpalast.

Sieben kreisrunde Kammern aus rotem und schwarzem Marmor bilden das Fundament für die eindrucksvolle Eiskuppel. Direkt über dem Altar, auf dem bis zum Sommer 1037 BF der *Ring Firuns* ruhte, kann man seit der Neubildung durch die *Eisrose von Jarlak* bei Sonnenschein das filigrane Muster einer zarten Rose im Eis der Kuppel bewundern.

## Festum – Ifirns Wintertempel

Ifirns Wintertempel ist ein schlichtes, aus Weißbirkenstämmen errichtetes Gebäude. Er erinnert an eine Mischung aus Jagdhütte und thorwalschem Langhaus. Die Wände der Halle sind mit Fellen behangen und mit Schnitzereien versehen, die von den Gläubigen als Gebete in das Holz geritzt werden.

Einen Altar oder Bänke sucht man hier vergebens. Im Zentrum der Halle jedoch befindet sich eine große Feuerstelle, an der sich

die Gläubigen zusammenfinden, beten, Geschichten lauschen und Mahlzeiten zubereitet werden, die einmal täglich an die Bedürftigen verteilt werden.
Der Tempel steht am Rand eines kleinen Teichs, dessen handwarmes Wasser auch im Winter nicht gefriert.

## Norburg - Kaleschka Yokin (Ifirn)

Der ehemalige Firuntempel in Norburg wird seit seiner Weihe zum Ifirntempel 1029 BF von den Einwohnern auch Kaleschka Yokin genannt, Wagen des Kindes, oder frei übersetzt, Haus der Tochter. Wie viele der älteren Gebäude Stapernikas, der Hölzernen, wie Norburg früher genannt wurde, besteht auch der Tempel aus dem hellen Holz der Firunsfichte. Durch einen Brand jedoch, der, wie durch ein Wunder, das Gebäude selbst verschonte und nur das Inventar zerstörte, sind seine Wände von innen geschwärzt und weisen keinerlei Intarsien mehr auf.
Das sechseckige Gebäude hat in der Mitte des spitz zulaufenden Dachs eine Öffnung als Rauchabzug. Darunter befindet sich ein großes Feuer, das immer brennt und auf dem jederzeit eine warme Mahlzeit köchelt. Die *Eisrose von Jarlak* befindet sich auf einem kleinen Podest aus weißem Marmor direkt gegenüber der Doppelflügeltür des Eingangs. Ihr blass blaues Licht und ihre warme Aura verleihen dem Tempel eine gemütliche Behaglichkeit, die von etlichen hellen Fellen an den Wänden und auf dem Boden noch unterstrichen wird.

## Olport - Grimfirns Halla (Firun/Ifirn)

Hier in Olport, einem Tempel der zugleich der Ifirn wie auch ihrem gestrengen Vater geweiht ist, liegt der *Heilige Eiskristall* der Ifirnkirche. In der Region wird die *Wilde Jagd* nicht wie mancherorts gefürchtet, sondern verehrt, wie auch die Runjas, Ifirns

Schicksalsweberinnen. Und so kann man an den schlichten Holzwänden der Halle ganze Bildergeschichten lesen, die Firun und seine Gefährten auf der Jagd gegen Dämonen und andere Kreaturen der Finsternis zeigen.

Über die komplette Wand am Kopf der gut und gerne zwanzig Schritt langen Halle, befindet sich ein Mosaik aus durchsichtigen Kristallen, das eine junge Frau mit wallendem weißen Haar auf einem silbernen Schlitten zeigt, gezogen von vier Schwänen. Eingelassen in das Mosaik, prangt der *Heilige Eiskristall* auf dem Haupt der Milden Göttin, an der Spitze ihrer silbernen Krone. Mit seinem warmen Lichtschein spendet er den Gläubigen Ruhe und Zuversicht und erleuchtet die ganze Halle.

Auf dem Boden vor dem Mosaik sind weiße Felle in einem großen Rund ausgelegt, auf denen sich die Gläubigen zum Gebet und zum Gottesdienst zusammenfinden.

## Riva - Isgrâsal

Der Eisgraue Saal in Riva ist ein kleines Bollwerk gegen die Hoffnungslosigkeit. Zwischen sieben schlanken Firunsföhren erbaut ist er einer der wenigen Tempel, in denen tatsächlich eine Statue des Grimmen Herrn über Schnee und Eis steht. Diese zeigt ihn halb als Mensch, halb als Bären und besteht aus weißem Stein, der erhaben über den Gläubigen thront. Das restliche Gebäude und ebenso der Altar, bestehen aus dem heiligen Baum des Alten vom Berg, der Firunsföhre. Beeindruckend sind die ausnahmslos kampfbereit und grimmig dreinblickenden Tierdarstellungen, die sich als Schnitzereien über die Tempelwände besonders die der Nordseite ziehen. Tempelvorsteherin ist *Frisja Murwaller,* eine quirlige kleine Mittfünfzigerin, die es als ihre Aufgabe betrachtet den Glauben an den Weißen Jäger in den Herzen der Menschen aufrecht zu erhalten.

## Trallop – Das Haus der Eisigen Stelen

Das Haus der Eisigen Stelen ist beinahe so alt wie deren Entdeckung und damit die Kirche selbst. Steinern ragt es mit seinem Kuppelgewölbe fast fünf Schritt in die Höhe und wiedersteht seit jeher jedweder Witterung. Jene Bäume, die auf der Lichtung um die Stelen standen, wurden als Tragpfeiler für das Steingewölbe genutzt und sind im Lauf der Zeit selbst zu Stein geworden. Dennoch ist es noch immer, als umwehe sie ein kühler Windhauch und als verströmten Stamm und Äste noch immer den frischen Duft von Harz und Fichtennadeln. Inmitten ihres Runds stehen die von Raureif überzogenen Eisigen Stelen.

Im Gegensatz zum geschäftigen Treiben der Stadt betritt man hier eine Oase der Ruhe und Frische. Nicht selten kommen die Gläubigen hierher um neue Kraft zu schöpfen. Dann sieht man sie vielleicht an einen Stamm gelehnt zur Kuppel hinaufblickend, den Blick leicht verklärt auf die Schar aus Tierabbildungen gerichtet, die sich auf den Stelen zum ewigen Reigen zu treffen scheinen.

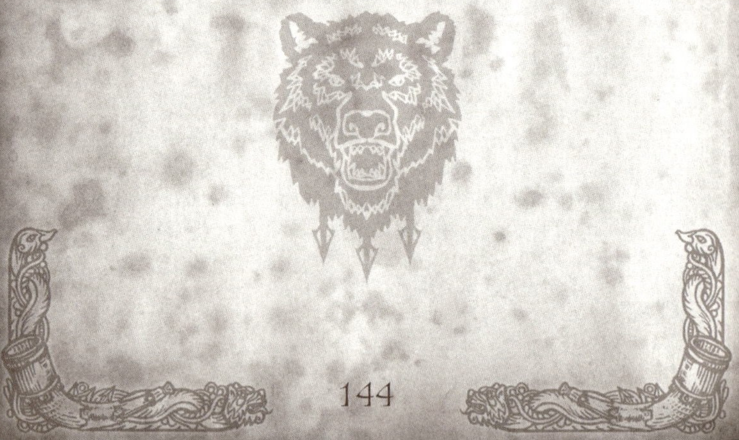

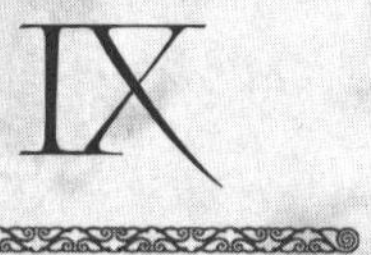

# IX

# Heilige Questen und göttliche Aufgaben

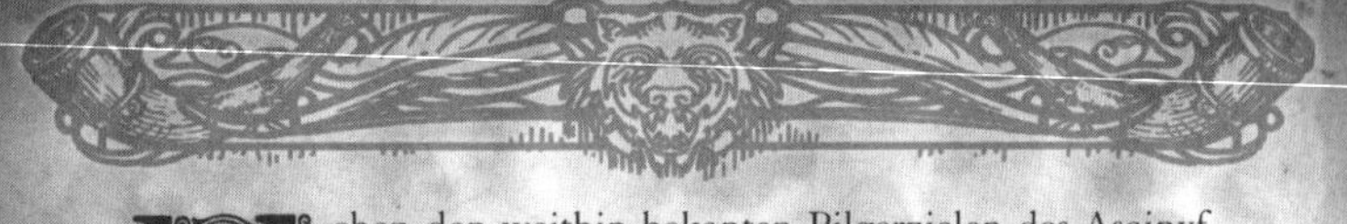

Neben den weithin bekanten Pilgerzielen des Asainyf und des Hängenden Gletschers gibt es eine bedeutende Pilgerfahrt für den Firungläubigen, den ich jedem an dieser Stelle explizit ans Herz legen möchte.

## Der Bogen des Weißen Jägers

Der *Bogen des Weißen Jägers* ist ein Pilgerweg Firuns, der nicht im Hohen Norden, sondern im Kaiserreich selbst verläuft. In Weiden wird er *Bärenpfad* genannt, am Darpat wird vom *Weg des Alten vom Berge* gesprochen. Ein alter Pilgerweg, dem allerdings erst die Entrückung des Bjaldorner Kristallpalastes zu gebührender Achtung verhalf. Seit das höchste Haus des Weißen Jägers unerreichbar ist, ist Trallops *Haus der Eisigen Stelen* fester Bestandteil des Bogens. So mag die Pilgerreise ihren Anfang hier in Weiden, oder in Gallys in der Rommilyser Mark nehmen. Der Weg von Nord nach Süd ist der gebräuchlichere – zum Verdruss der Gallyser Firunis.

Der Bogen des Weißen Jägers wird ganz und gar zu Fuß absolviert. Einem Pilger in Firuns Namen ist es nicht gestattet sich von anderem zu nähren als dem, was er der Natur mit eigenen Händen abtrotzt. Daher ist es das überlieferte Recht jedes Pilgers dem Wilde in jedem angrenzenden Wald nachzustellen. Traditionell beginnt die Pilgerreise mit dem ersten Schnee des Winters, Ende Travia.

Folgt man dem Bogen von Trallop aus, wohnt man der Messe bei, in deren Verlauf Gevatter Ailgrimm die erwählten Jagdwaffen der Pilger segnet. Als Zeichen der Verpflichtung, die sie auf sich nehmen, brennt er das Zeichen seines Tempels in den Griff oder den Schaft der Waffe. Das ist die Besonderheit des Bogens des Weißen Jägers: ein jeder Tempel, der auf seinem Weg liegt,

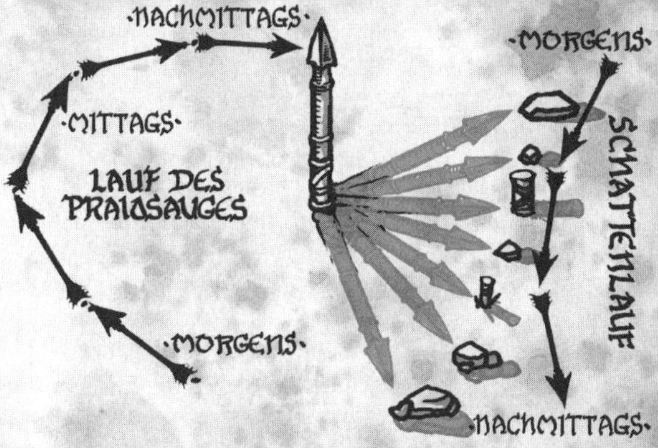


hält einen eigenen Brandstock bereit, um die Waffe des Gläubigen damit zu zeichnen. Jedes Zeichen ist unverwechselbar. In Trallop ist es – wie könnte es anders sein – ein stilisiertes Abbild der beiden heiligen Stelen.

Von Trallop aus folgt der Bärenpfad alten, in den Auwäldern des Pandlaril gelegenen Pfaden, die in ihrer Wildheit und ob der Undurchdringlichkeit der sie häufig überwuchernden Flora, bisweilen vergessen lassen, wie nah die betriebsame Reichsstraße ist. In einem Forst nahe Rudein liegt versteckt der nächste Tempel des Grimmen Jägers. Einen Wolfskopf hält die junge Geweihte bereit. Durch fette Wiesen und Weiden führt nun der Weg, ehe er sich spürbar absenkt. Mit jedem Schritt, eilt man auf die Schwarze Sichel zu. Die Landschaft wird ursprünglicher und wilder. Das nächste Ziel ist Espen. Da nur selten ein Geweihter dort anzutreffen ist, hängt der Brandstock mit dem Espener Pfeil für jeden sichtbar neben dem Altar. Nur wenige Meilen außerhalb des

Dorfes dringt der Pfad endlich in die tiefen und häufig dunklen Wälder der Schwarzen Sichel ein. Die allmählich ansteigenden Hügel werden zu mächtigen Bergen. Es geht nach Südosten, zum Weiler Läjansturm. Der hiesige Tempel ist Läja, dem Waldlöwen aus Firuns Wilder Jagd geweiht und ein Löwenhaupt das hiesige Pilgerzeichen. Hier nun betritt man den eigentlichen, gut erkennbaren Bärenpfad. Er folgt der Kammlinie der Schwarzen Sichel nach Süden und dient in mancher Baronie als wichtiger Verbindungsweg. So nimmt es nicht Wunder, dass der Pilger hier ab und an einem Waldbauern oder einer Rittersfrau hoch zu Ross begegnet. Die Wälder sind hier urtümlich und in geringem Abstand zum Weg nicht selten undurchdringlich. Der Pfad passiert die kaiserliche Kriegspfalz Donnerschalck und führt zu einem nahe der Burg gelegenen uralten Höhlentempel. Hier, wo auch die Kaiserin den Segen Firuns empfängt ehe sie zur Jagd auszieht, erwartet den Pilger als Zeichen das Gehörn eines Gebirgsbocks. Zugleich lässt er nun hinter sich, was wir gemeinhin Zivilisation nennen. Die nächsten Tage, bisweilen Wochen, sind anstrengend, gefährlich und entbehrungsreich, denn nun führt der Pfad hinein in die Schwarze Sichel und hinauf zum Hängenden Gletscher. Allein der Anblick des blau leuchtenden Eises lässt viele all die Entbehrungen vergessen, so erhaben ist dieser Ort.

Es heißt unter Pilgern, der Tempel unter dem Gletscher sei immer besetzt, wenn ein Pilger ihn erreicht und das Zeichen des Heiligtums – ein filigraner Firunskristall – wird freundlich vergeben. Vom Hochplateau aus führt der Pfad im Bogen zurück an den efferdwärtigen Rand des Gebirges und dann durch wildes, von den Rotpelzen beherrschtes Gebiet. Hier verläuft die Grenze zwischen Herzogtum und Rommilyser Mark und niemand vermag zu sagen, wo genau, denn hier ist der Mensch bestenfalls geduldet. In gräflich Zippeldinge, wie die Baronie heißt, soll es einst auch einen Firuntempel gegeben haben. Seine Lage und welches Zeichen er bereit hielt, ist jedoch in all der Zeit, da die Menschen mit den Goblins um die Vorherrschaft ringen und stets unterliegen, in Vergessenheit geraten. Es geht als nächstes zum Tempel in Hirschsprung, am Fuß des gleichnamigen Berges. Wie der Name vermuten lässt, ist das Zeichen des hiesigen Hauses das Haupt eines Kronenhirsches. In den Jahren, da in der sogenannten Wildermark allein das Recht des Stärkeren galt, eilte dem Weg südlich des Hängenden Gletschers ein furchteinflößender Ruf voraus. Er koste mindestens ebenso viele Pilger das Leben, wie der Aufstieg zum Gletscher selbst. Auch heute noch hält er manche Fährnis bereit, denn der Sichelhag ist ein wildes, schwer zu bändigendes Land. Der wehrhafte Tempel Einhornens liegt meist verwaist, doch der Brandstock mit dem filigranen Abbild eines sich aufbäumenden Einhorns ruht für alle Pilger zugänglich auf einem eigenen Seitenaltar. Nun verläuft der Firunsweg beinahe geradewegs gen Praios. Im Firuntempel von Nordenheim, der vorletzten Etappe des Pilgerwegs, erhalten die Pilger die erste Speise, die sie weder selbst gejagt noch gesammelt haben und die sie dennoch zu sich nehmen dürfen: den sogenannten Odilonsapfel, der in stilisierter Form auch in die Jagdwaffe gebrannt wird. Von hier aus ist das Ziel der Reise, der Firuntempel von Gallys, in ein bis zwei Tagen gut zu erreichen. Die meisten Pilger sind ausgezehrt von Anstrengung und Entbehrung, wenn sie hier ankommen. Dennoch harren sie eine Nacht im Gebet vor dem Altar aus, ehe sie den heiligen Firunsbären als letztes Zeichen und ebenso den Segen des Grimmen Alten erhalten.

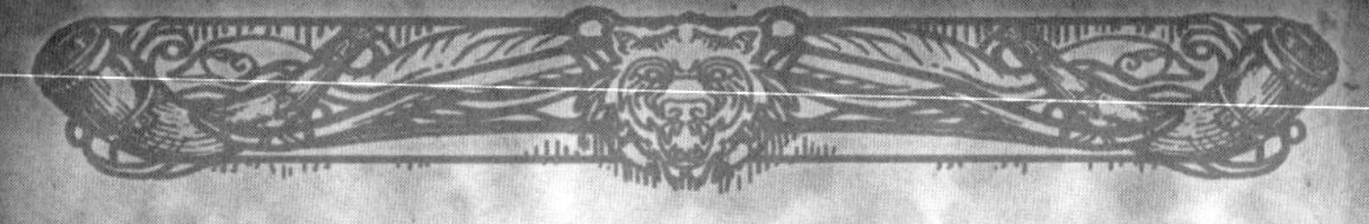

Hier magst du von eigener Hand ergänzen

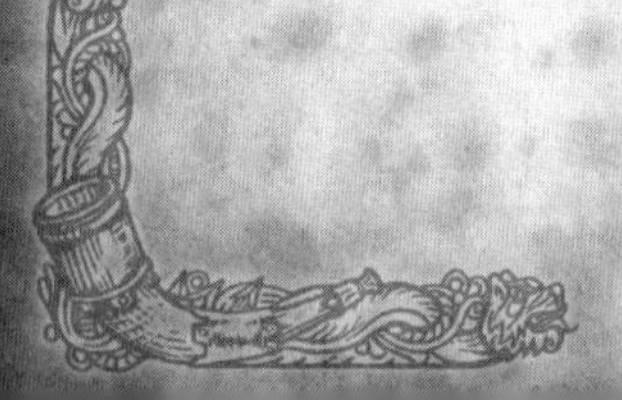

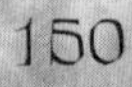

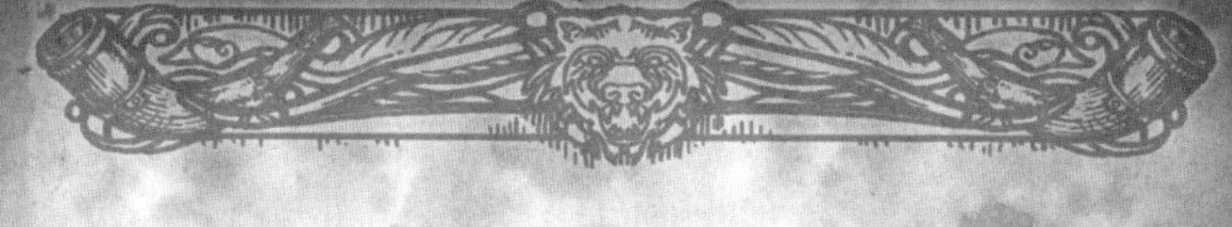

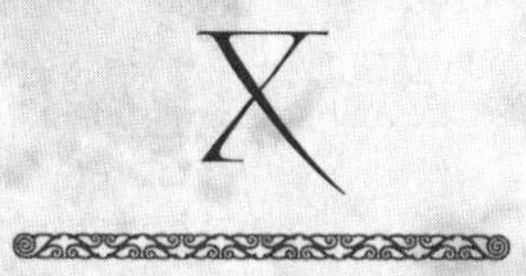

# X

# Anregungen zur Ausgestaltung von Firun- und Ifirngeweihten

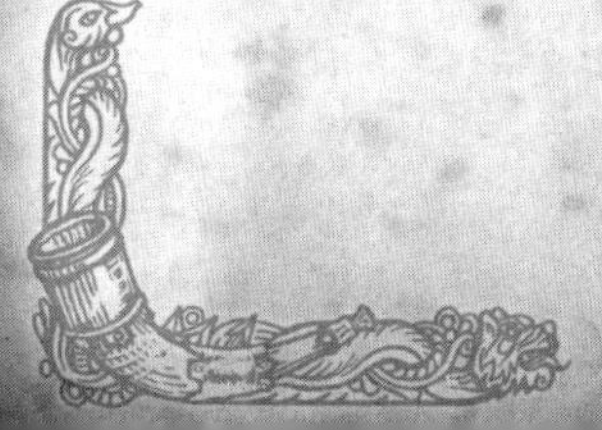

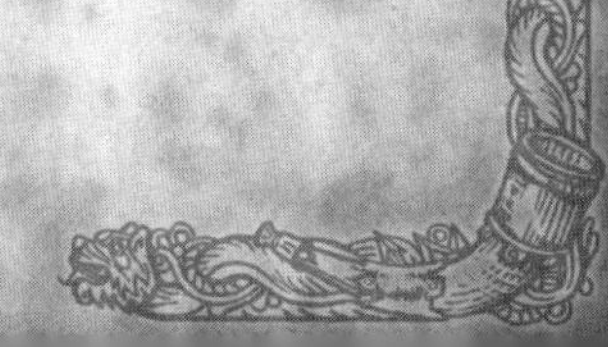

Wie man schon in den vorherigen Texten lesen konnte, sind die Firunis (und mit ihnen auch die Ifirngeweihten) deutlich unterschiedlich ausgeprägt.

Die **Wanderer** des Nordens sind die klassischen Firungeweihten, wie sie sich die meisten vorstellen: harte und einzelgängerische Jäger und Waldläufer, die in der Wildnis den Willen Firuns zu ergründen und zu vollstrecken suchen. Die Wanderer verkörpern die Ideale Firuns in Reinkultur und kompromisslos. Reichtum und Habgier sind ihnen fremd und häufig sind sie verschlossen.

Fertigkeiten aus den Bereich Natur sind ihre größte Stärke, dafür weisen sie teilweise erhebliche Defizite im Umgang mit Menschen auf. Da besonders die Wanderer durch Firun selbst ordiniert werden, fehlt ihnen meist die Kenntnis einer entsprechenden Liturgie. Mittel und Wege, die der Alte vom Berge seinen Wandern an die Hand gibt, um seine Weisungen zu erfüllen. Denn die Wanderer tragen Firuns Zorn in die Welt und achten darauf, dass seine Strafen auch auf ewig Bestand haben.

Die **Hüter der Jagd** der südlicheren Regionen sind weltgewandter und in der Regel weniger verschlossen als ihre Glaubensbrüder und -schwestern. Beinahe alle Tempelvorsteher, Gevatter oder Gevatterin genannt, stammen aus ihren Reihen. Auch wenn der Moralkodex des Kultes ehern bindend für sie ist, so ist gerade die regionale Unterschiedlichkeit der Geweihten bei der Glaubensauslegung entscheidend: Was im kargen Norden als Luxus gilt, ist in Yaquirien oder Aranien eine Selbstverständlichkeit und gehört zum alltäglichen Leben.

Zudem sind die Landschaften des Südens nicht nur fruchtbarer, sondern auch dichter besiedelt, so dass sich ein Kontakt zu den Menschen schneller ergibt als im hohen Norden.

Vor allem sind die Hüter der Jagd aber darin geschult stoisch auch die Anfeindungen des Adels zu ertragen und sogar einen Baron vor seinen Vasallen zurecht zu weisen, wenn sie gegen Firuns Gebote verstoßen. Sie beherrschen viele Fähigkeiten, die in der Gesellschaft anderer Menschen nützlich sind, und ihnen fehlt die Weltfremdheit der Wanderer. Dafür werden sie keinen von ihnen in der Natur überflügeln.

Die **Ifirngeweihten** sind die Hüter der Gemeinschaft. Sie unterhalten Tempel, in denen sich der Gläubige gut aufgehoben fühlt und auch wenn sie auf den ersten Blick wie Hüter der Jagd wirken mögen, ist ihr Streben auf den Erhalt der Gemeinschaft gerichtet, weit vor der Stählung des Einzelnen. Als Mensch- und durchaus auch Tierfreunde sind sie hilfsbereit und respektvoll dem Leben und der Freiheit gegenüber – und gnadenlos hart gegenüber jenen, die beides geringschätzen. Besonders zuwider sind ihnen solche, die die Gemeinschaft aus Habgier oder schierer Niedertracht zu verderben suchen, dann ist jede Form von Milde einer Ifirngeweihten verbraucht.

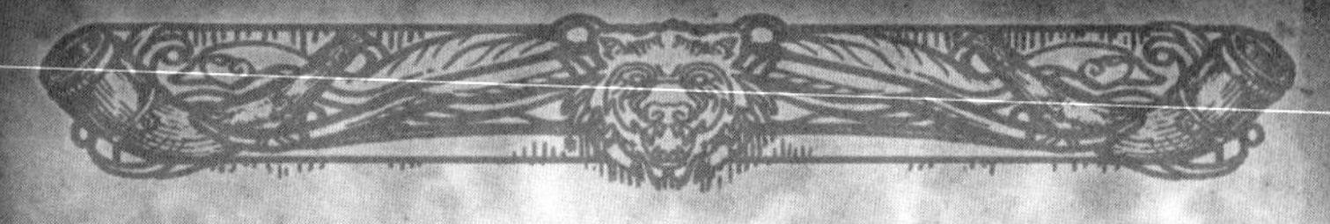

Hier magst du von eigener Hand ergänzen

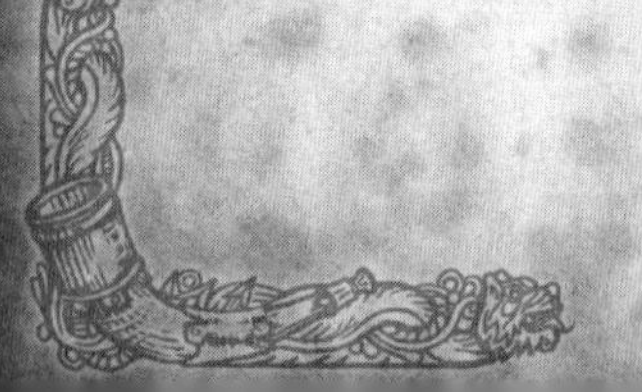

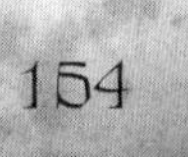

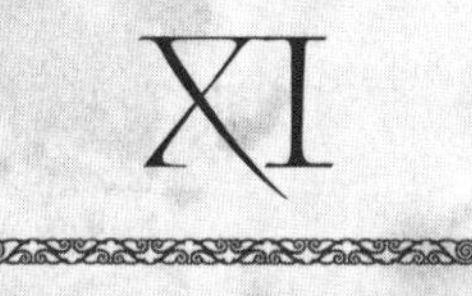

# Vakatseiten

Im Folgenden bleiben einige Seiten unbeschrieben – so weiß wie der Schnee der Klirrforstwüste oder das Gefieder der Schwäne – auf dass du sie, gleich einer Fährte die das Wild auf dem Boden der Wälder hinterlässt, in Zukunft mit Worten und Liedern füllst, die dem Weißen Jäger zum Lobe gereichen und deine Spur auf dem Rücken der Welt markieren, die erhalten bleibt, selbst wenn du schon längst in Firuns Jagdgründen weilst.
Der Alte vom Berge schenke Dir Beharrlichkeit und Geduld, und seine Tochter weise Dir immer den Weg in vortreffliche Gesellschaft.

*Firun bi!*

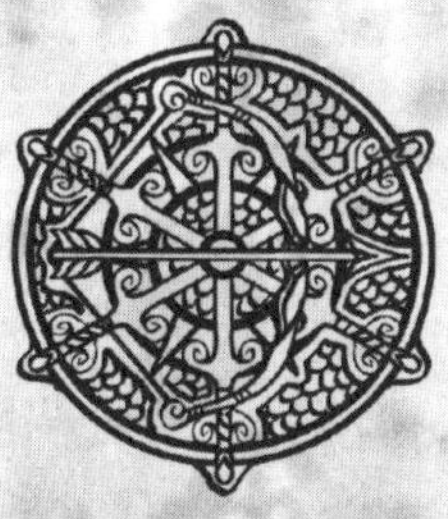